AF366464

LE PLUS GRAND

HOMME DE GUERRE.

PARIS. — IMPRIMERIE D'A. SIROU,
110, rue Saint-Jacques.

LE PLUS

GRAND HOMME DE GUERRE

DISSERTATION HISTORIQUE

PAR

Ed. DE LA BARRE DUPARCQ

CAPITAINE DU GÉNIE.

> Après le rôle de souverain, celui de général
> en chef est le plus beau qu'on puisse jouer sur le
> théâtre du monde. LACYÉE CESSAC.

PARIS,

LIBRAIRIE MILITAIRE, MARITIME ET POLYTECHNIQUE

DE J. CORRÉARD,

LIBRAIRE-ÉDITEUR, ET LIBRAIRE-COMMISSIONNAIRE,

Rue Christine, 1.

1848

INTRODUCTION.

Quel est le plus grand homme de guerre des temps anciens et modernes? Je me suis souvent posé cette question : souvent aussi elle fut le sujet de discussions animées entre un de mes honorables amis et moi. Jamais cependant, je l'avoue, nous n'arrivâmes à une solution concluante, et cela parce que mon ami avait un candidat qu'il présentait au concours chaque fois que la discussion s'ouvrait, quoique chaque fois je repoussasse de toutes mes forces cette canditature malencontreuse. Ce candidat était en effet *Mahomet*. Certes comme fondateur de secte, comme législateur, Mahomet fut un puissant génie, mais comme guerrier rien ne le signale à l'attention : aussi son nom ne figurera point dans la dissertation historique à laquelle je vais me livrer pour examiner *quel est le plus grand homme de guerre des temps anciens et modernes.*

Il me semble que cette dissertation peut avoir quelque utilité, puisqu'elle doit nécessairement mettre en parallèle la conduite des plus célèbres conquérants, puisqu'elle doit sommairement retracer la manière d'être et de voir, les moyens, le génie inventif et la prudence des plus illustres généraux.

Avant tout, je dois expliquer au lecteur sur quoi j'ai l'intention de baser mon appréciation finale, et quels seront les motifs qui me guideront lorsque je dirai, dans ma *conclusion*, quel est, à mon avis, le plus grand des hommes de guerre célèbres, dont le nom a rempli le monde. Voici donc l'énoncé des qualités qui, possédées au suprême degré, me semblent constituer l'homme de guerre éminent.

Un grand caractère, un courage moral qui mène aux grandes résolutions. (1).

Un sang-froid tel qu'on ait un empire absolu sur soi-même. « La première qualité d'un général en chef, a dit Napoléon (2), est d'avoir une tête froide, qui reçoive des impressions justes des objets, qui ne s'échauffe jamais, ne se laisse pas éblouir, enivrer par les bonnes ou les mauvaises nouvelles : que les sensations successives ou simultanées qu'il reçoit dans le cours d'une journée, s'y classent et n'occupent que la place juste qu'elles méritent d'occuper; car le bons sens, la raison, sont le résultat de la comparaison de plusieurs sensations prises en égale considération. »

---

(1) Jomini, *Précis de l'art de la guerre*, 1838, tome 1, page 128.
(2) *Mémoires*, dans le tome 6 de la *Bibliothèque histor. et milit.* page 870.

Bien connaître les hommes et savoir leur plaire, talents rares qui contiennent souvent tout le secret de conduire les masses.

Un coup-d'œil et une prévision qui permettent, autant que possible, de maîtriser les événements.

Une grande connaissance de l'histoire militaire des temps passés, afin de joindre l'expérience apprise à l'expérience *pratique*.

Une instruction solide et variée, surtout en ce qui concerne la théorie et la pratique des sciences militaires.

Un génie prompt à combiner et à se décider : deux heures d'indécision peuvent souvent plus compromettre qu'une décision médiocre prise à temps. « La vraie sagesse pour un général est dans une détermination énergique. » (1)

Une grande confiance en soi, ce qui chez un homme supérieur est un indice de force plutôt qu'un indice de présomption.

De la fermeté, de la persévérance.

De la réflexion, mais pas d'imagination.

Une sobriété et une discrétion de tous les instants.

Une éloquence suffisante et contenue.

Une bonne mémoire et de la lucidité dans les idées dès qu'elles se présentent à l'esprit : c'est le seul moyen de se rappeler les ordres déjà donnés, ceux à donner, ceux qu'il faudra donner : de suivre avec fruit les mou-

---

(1) *Mémoires de Napoléon*, dans le tome 6 de la *Bibliothèque historique et militaire*, page 892.

vements de l'ennemi et de déconcerter ses espions lorsque leurs rapports sont inexacts.

Enfin l'art de gagner les batailles et surtout de savoir
en profiter : le suprême talent du général est de réparer
une défaite, pendant que l'ennemi célèbre sa victoire.

Quels sont maintenant les hommes illustres dont je
vais raconter les hauts faits et faire valoir les titres divers à l'honneur de primer leurs rivaux? Je ne puis
évidemment admettre ici tous les généraux qui se sont
distingués dans la carrière des armes depuis Sésostris
jusqu'à Napoléon. Leur nombre monterait au moins à
cinquante, et rien que quelques mots sur la biographie
de chacun d'eux formerait un volume, ce qui dépasse-
rait de beaucoup les limites ordinaires d'une dissertation.
Je me restreindrai donc à dix noms principaux que
voici :

  Alexandre, (356-323).
  Hannibal, (247-183).
  Jules César, (100-44).
  Charlemagne, (742-814).
  Gengis-Khan, (1164-127).
  Tamerlan, (1336-1405).
  Gustave-Adolphe, (1594-1632).
  Turenne, (1611-1675).
  Frédéric II, (1712-1786).
  Napoléon, (1769-1821). (1).

---

(1) Ces dix noms donnent lieu à un calcul cabalistique fort remarquable.

Si l'on numérote chacune des 25 lettres de l'alphabet, de manière que

Alexandre-le-Grand représente, en les dépassant, tous les généraux grecs qui le précédèrent et le suivirent : Miltiade, Agésilas, Epaminondas, Xénophon, Pyrrhus, Philopœmen : Alexandre porta en effet l'art militaire grec à son apogée.

Hannibal, c'est le génie hostile de Rome, c'est le général des troupes mercenaires.

César, c'est le plus grand des généraux de Rome : il éclipse les deux Scipion l'africain, Marius et Pompée : il est en réalité le premier dominateur de l'empire romain.

Charlemagne, c'est le conquérant barbare fondant un puissant empire : c'est la souche historique de plusieurs maisons royales d'Europe.

---

la première lettre *a* soit représentée par 1 et la dernière lettre *z* par 25, on forme le tableau ci-dessous :

a, b, c, d, e, f, g, h, i, j, k, l, m, n, o, p, q, r, s, t, u,
1, 2, 3, 4, 5, 6, 7, 8, 9, 10, 11, 12, 13, 14, 15, 16, 17, 18, 19, 20, 21,
v, x, y, z.
22, 23, 24, 25.

Si, au moyen de ce tableau, on traduit chaque lettre de la phrase suivante par le numéro qui la désigne, et que l'on additionne ensemble les numéros correspondants à chaque mot, on obtient, comme ci-après, cette phrase écrite en lettres et en chiffres :

Les plus célèbres conquérants produits par l'humanité jusqu'à nos jours
36   68   69   147   122   35   103   89 58 83
sont : Alexandre, Hannibal, Jules-César, Charlemagne, Gengis-Khan,
68   83   64   113   87   95
Tamerlan, Gustave-Adolphe, Turenne, Frédéric, Napoléon.
84   156   97   68   92.

Tous les nombres qui représentent les mots de cette phrase, additionnés ensemble, donnent au total 1814, millésime de l'année où fut renversé le dernier de ces grands hommes.

Gengis-Khan et Tamerlan représentent le génie oriental de la conquête, avec son caractère gigantesque et ses cruautés.

Gustave-Adolphe, c'est le restaurateur de l'art militaire chez les modernes : c'est le digne précurseur du héros de la grande guerre, de Napoléon.

Turenne, guerrier moins brillant que Condé (1), est un général de premier ordre. Son œil pénétrant découvrait à merveille les fautes de son ennemi et savait en profiter : il excellait dans la retraite comme dans la victoire.

Frédéric II n'aimait pas la guerre, mais il la faisait avec promptitude et énergie : avec peu de ressources il résista à de nombreux ennemis, fit des conquêtes, et, qui mieux est, les conserva. Nul ne savait aussi bien réparer à propos ses fautes.

Napoléon est un grand homme de guerre, un génie profond : mais il ne se maîtrisa malheureusement pas assez , et finit par trop compter sur son étoile. Il faisait admirablement la guerre de concentration , tombant à l'improviste avec des masses imposantes sur les points décisifs : il savait se faire aimer des hommes et tenait son armée comme dans sa main. — Napoléon est-il réellement le plus grand homme de guerre qui ait jamais existé? C'est ce que la suite de cette dissertation

---

(1) Les comtemporains disaient : « j'aurais voulu me trouver à la fin de la bataille avec Condé, et à la fin de la campagne avec Turenne. » MONTEIL. *Hist. des Français des divers États*, tome 7, page 124

fera voir : mais je réclame l'indulgence pour les jugements que je porterai sur lui, puisque l'heure de son
histoire véritable n'est pas encore venue.

Je vais, dans les chapitres suivants, esquisser briè-
vement les principaux exploits de chacun de ces grands
hommes, en m'étayant autant que possible des jugements qu'ils ont porté sur eux-mêmes ou sur leurs devanciers.

CHAPITRE PREMIER.

—

ALEXANDRE-LE-GRAND.

(356-323)

Alexandre, heureusement doué par la nature de qualités que développa l'éducation qui lui fut donnée par Aristote, avait assisté à la fin de la lutte de la Grèce contre son père, et certes, outre les faits guerriers qu'il put y remarquer, il dut être profondément frappé de la principale cause qui donna la victoire à son pays ; cette cause c'était l'union, c'était un plan bien arrêté, bien suivi ; tandis que les Grecs, suivant leur défaut habituel, étaient désunis, rivaux et jaloux les uns des autres. Aussi voit-on, dans tout le cours de sa carrière, Alexandre imprimer à ses opérations un cachet d'unité, de concentration, qui prouve tout le prix qu'il y attachait.

Après avoir mis en ordre les affaires de la Grèce, et avoir surtout effrayé, par la ruine de Thèbes, tout peuple disposé à la révolte, il confia au fidèle Antipater, placé à la tête d'une armée de 12,000 fantassins et 1,500 cavaliers, la garde de la Macédoine, et s'embarqua pour l'Asie avec 3,000 hommes d'infanterie et 5,000 cavaliers, de faibles ressources pécuniaires et des vivres pour un mois.

Il y a, dans ces commencements de la conduite d'Alexandre, de la prudence et de la témérité : de la prudence parce qu'il assure ses derrières : de la témérité parce qu'il s'aventure avec de faibles forces au centre d'un puissant empire. Alexandre comptait sur ses troupes et avait foi dans son étoile !

Débarqué en Asie, il passe le Granique (334) malgré les excellentes dispositions défensives de Memnon de Rhodes, s'empare de Sarde, de Milet, d'Halicarnasse, renvoie sa flotte par économie, et en profite pour envoyer, passer l'hiver en Macédoine, les jeunes soldats mariés peu de temps avant le départ de l'armée : excellente mesure qui, répandant dans la patrie le bruit de ses exploits, tendait à faire accourir sous ses drapeaux un grand nombre de recrues volontaires.

Après la victoire d'Issus (333), Alexandre s'empara de Damas et de Sidon. Il fut contraint d'assiéger Tyr, et ce siége, un des plus célèbres de l'antiquité, dura sept mois : Gaza lui prit ensuite deux mois. La punition terrible qu'il infligea à ces villes courageuses, dont presque tous les habitants périrent, témoigne de l'importance qu'il attachait à ne pas perdre de temps : et, en effet, il pouvait craindre d'être inquiété par ses ennemis pendant ces longs retards : mais les Perses ne bougèrent pas, et pourtant s'ils eussent forcé Alexandre à lever, soit le siége de Tyr, soit celui de Gaza, le conquérant perdait tout le prestige d'une rapide suite de victoires sans échec.

En sept jours de marche, Alexandre se rend de Gaza à Péluse : l'Égypte se soumet sans résistance (332), il entre en souverain dans Memphis, fonde, dans une excellente position, la ville d'Alexandrie, où il songe peut-être à transporter un jour le siége de son empire, et va se faire saluer au temple d'Hammon du titre de *Fils de Jupiter*.

Cette campagne d'Égypte a été diversement jugée. Les uns, remarquant le soin avec lequel Alexandre soumit les villes maritimes des côtes de l'Asie, afin de ne laisser derrière lui aucun port ennemi et de s'assurer de nombreuses communications avec la Grèce, attribuent la conquête de l'Égypte à la suite du même plan. Avant de

voler à de nouvelles conquêtes, avant de s'engager dans la Haute-
Asie, Alexandre ne voulait pas laisser sur ses derrières un empire
puissant, soumis aux Perses, et qui pourrait lui devenir funeste s'il
agissait dans l'intérêt de Darius. Les autres ont trouvé la pointe
hasardée, et en effet, il était facile aux Perses de fermer l'Ithsme
de Suez pour lui barrer le retour. Mais il était dit que toute direc-
tion intelligente manquerait aux Perses dans cette guerre. Déjà le
projet de faire diversion, en portant la guerre en Macédoine, avait
échoué par la mort de Memnon ; déjà Alexandre, sans être inquiété,
avait pu tranquillement tourner ses forces contre Tyr et Gaza, et
consommer neuf mois aux siéges de ces deux villes.

Et pourtant, a dit un écrivain moderne : « Assurément Darius
Codoman, qui gouvernait la Perse lors de l'invasion d'Alexandre,
n'était pas un homme méprisable, pas même un prince ordinaire ;
c'était un des meilleurs et des plus capables de tous les monarques
qui avaient régné en Perse depuis Cyrus. Il était brave, intelligent,
actif, plein de force dans le malheur : mais toutes ces qualités, qui le
distinguaient du vulgaire, qu'étaient-elles auprès de celles qui élevaient le grand Alexandre si fort au-dessus de l'humanité ? Marqué par
la Providence pour être du petit nombre de ces hommes qui doivent
faire l'étonnement et l'admiration du monde, Alexandre ne voyait
rien au-dessus de son génie, et par conséquent son génie mettait
tous les obstacles au-dessous de lui. Il avait tellement imprimé dans
ses troupes le sentiment de sa supériorité et de l'ascendant de sa
fortune, qu'un Macédonien se serait cru insensé de penser autrement que son roi. Il est aisé de se figurer ce que cette concentration (si je puis m'exprimer ainsi) de toutes les âmes dans la sienne,
devait mettre d'*unité* dans son armée. L'augmentation de force qui
en résultait pour lui, comparativement à celle de ses ennemis,
pouvait s'apprécier comme la différence d'un principe actif à une
matière inerte. On conçoit donc que les actions d'Alexandre devaient toujours avoir quelque chose de hardi, d'impétueux, d'extraordinaire, d'inattendu, qui surpassait et mettait en défaut toute la
prévoyance de ceux qui osaient lutter avec lui. Voilà la cause principale de ses étonnants succès contre les Perses, qui, non moins

braves ni moins belliqueux que les Macédoniens, étaient seulement
moins manœuvriers et plus amollis par le faste ; défauts que leur
grande supériorité de nombre aurait facilement compensé , s'ils
n'avaient pas eu en tête un Alexandre (1). »

En 331 , Alexandre gagna sur Darius la célèbre bataille d'Arbelles (2), qui lui donna la possession de la ville d'Arbelles où il
trouva de nombreux objets précieux, appartenant au *Grand Roi*,
et quatre mille talents (environ 21 millions de francs) en espèces.
Il fit ensuite son entrée dans Babylone, à la tête de toute son armée,
sur un char resplendissant d'or et de pierreries.

Il resta trente-quatre jours dans cette fameuse cité où son armée
s'amollit, mais ayant reçu de la Grèce environ 14,500 fantassins
et 1,500 cavaliers de renfort, il put reprendre l'offensive.

Vingt-cinq jours après avoir quitté Babylone, il arriva à Suze
qui lui fut livrée ; cette ville contenait d'immenses richesses. Après
avoir dompté les Uxiens, il força à grand peine le pas de Suze,
pénétra alors dans la Perse proprement dite, et fit son entrée dans
Persépolis, que les Perses avaient abandonné. Le trésor de cette

---

(1) — *L'art militaire chez les nations les plus célèbres de l'antiquité et
des temps modernes, analysé et comparé*, par de *Laverne,* Paris, 1805, pages 171 et 172.

(2) — Le matin de la bataille d'Arbelles, Alexandre dormait si profondément que Parménion eut de la peine à le réveiller. Ainsi dor-
maient Condé le matin de la bataille de Rocroy, et Napoléon le matin
de la bataille d'Austerlitz.

On trouve, dans la vie des grands hommes de guerre, des actions
d'une ressemblance parfaite et ce serait un travail curieux que celui qui
réunirait et comparerait entr'elles toutes les actions de ce genre.

J'en cite un exemple.

A la bataille d'Orchoménes (87 avant J-C.) les Romains pliaient : Sylla
saisit une enseigne et la jetant dans les rangs ennemis : « Romains,
s'écrie-t-il ; si l'on vous demande où vous avez abandonné votre général, n'oubliez pas de dire que c'est au moment où il combattait à Or-
chomènes. » — Ainsi firent Condé à Fribourg (3 août 1644) et Bonaparte
à Arcole (14 novembre 1796).

ville renfermait 120,000 talents (660 millions de francs) qui furent destinés aux frais de la guerre.

En 330 Alexandre entra dans Ecbatane, capitale de la Médie, que Darius, trahi et prisonnier des siens, venait de quitter depuis cinq jours : le trésor de cette ville renfermait, suivant Strabon, 180,000 talents (environ un milliard de francs). Il se mit alors à la poursuite du roi captif que l'on trouva bientôt percé de coups de dards par Bessus et ses complices. Pendant ce temps, la Grèce croyant Alexandre au fond de l'Inde, se révoltait et courait aux armes : heureusement la victoire de Megalopolis, remportée par Antipater, fit tout rentrer dans l'ordre.

En 329, il y eut dans l'armée d'Alexandre elle-même des mouvements séditieux que le conquérant eut peine à contenir par ses discours et par ses largesses. L'orgueil croissant du fils de Philippe qui prenait toutes les habitudes luxueuses et hautaines des monarques persans, l'exécution de Philotas, l'assassinat de Parmenion, la mort de Callisthènes, achevèrent d'augmenter le mécontentement des Macédoniens. L'apothéose d'Alexandre qui eut la faiblesse de se faire décerner les honneurs divins, son intempérance et surtout son ivrognerie, mirent le comble à ce mécontentement : son génie abandonnait le conquérant : sa tête n'avait pu résister à l'enivrement de ses hautes prospérités : en devenant Dieu il redescendit au rang de l'homme ordinaire.

Ce fut sous ces indices défavorables qu'Alexandre, qui venait d'épouser Roxane, entreprit son expédition dans l'Inde après avoir exigé des ôtages pour assurer ses derrières. Il vainquit à la bataille de l'Hydaspe (327) Porus qui se défendit vaillamment, et montra aux Macédoniens un ennemi autrement redoutable que les Perses auxquels ils avaient eu jusqu'alors à faire. Alexandre le rétablit dans son royaume et en fit son allié. Il passa ensuite l'Acésine et l'Hydraote, et défit dans une sanglante bataille les Oxydraques et les Maliens. Il allait traverser l'Hyphase afin de pousser jusqu'au Gange, lorsque ses troupes fatiguées et découragées refusèrent d'aller plus loin. Il éleva alors douze autels aux premiers dieux de l'Olympe, sur la rive occidentale de l'Hyphase, et rétrograda jus-

qu'au fleuve Acésine, où il trouva 36,000 recrues grecques dont
6,000 cavaliers. Arrivé sur l'Hydaspe, il fit réunir 2,000 bateaux
sur lesquels son armée descendit le fleuve jusqu'à sa jonction avec
l'Indus ; elle navigua ensuite sur ce dernier fleuve jusqu'à l'Océan
indien, où la vue du flux et du reflux frappa d'étonnement des hommes
habitués à ne voir que la Méditerranée. Alexandre divisa alors son
armée en trois corps qui prirent des chemins différents : tous n'ar-
rivèrent en Perse qu'après des dangers, des privations et des maladies, qui firent périr la plus grande partie des guerriers qui les composaient.

De retour à Suze Alexandre épousa deux nouvelles Persanes,
Statyra, fille de Darius, et Parysatis : il célébra à cette occasion les
noces de 10,000 Persanes qui épousèrent des Macédoniens. Les
banquets et les orgies recommencèrent : dans l'une d'elles, l'ami
intime du roi, Ephestion, cet *autre Alexandre,* perdit la vie :
Alexandre inconsolable lui fit faire de magnifiques funérailles, et
l'éleva au rang de Dieu, sur la déclaration d'un oracle.

Alexandre s'occupa alors attentivement de l'administration de
son empire. Il fit examiner et améliorer le cours des fleuves, net-
toyer les canaux de Babylone, embellir Persepolis, Suze, Ecbatane,... et fonder de nouvelles villes. Il travailla à la fusion des
Grecs et des Perses et roula dans sa tête de gigantesques et utiles
projets.

Mais au milieu de ces travaux sérieux, une fièvre pernicieuse,
fruit de son intempérance pour le vin et de ses débauches, l'emporta subitement à l'âge de 32 ans et 8 mois (28 mai 324 avant J-C.),
sans qu'il pût laisser d'autre testament que ces mots : je lègue
l'empire *au plus digne.*

Sauf la sobriété, Alexandre possédait toutes les qualités que nous
avons exigées dans l'introduction d'un grand homme de guerre :
il agissait avec rapidité (1), savait faire un judicieux usage des

---

(1) — « Les combats d'Arbelles et des défilés de la Perse procurèrent
à Alexandre la Mésopotamie et la Perse proprement dite, dont la con-

armés à la légère et des machines de guerre pour chasser l'ennemi des défilés et des rives des fleuves, livrait presque toujours bataille suivant *l'ordre oblique*, et combattait personnellement avec un courage héroïque, poussé souvent jusqu'à la témérité.

« La guerre d'Alexandre, a dit Napoléon, fut méthodique: elle est digne des plus grands éloges: aucun de ses convois ne fut intercepté : ses armées allèrent toujours en s'augmentant : le moment où elles furent le plus faibles, fut au Granique en débutant : sur l'Indus, elles avaient triplé, sans compter les corps sous les ordres des gouverneurs des provinces conquises, qui se composaient de Macédoniens invalides ou fatigués, de recrues envoyées de Grèce, ou tirées des corps grecs au services des satrapes, ou enfin d'étrangers levés parmi les naturels, dans le pays même. Alexandre mérite la gloire dont il jouit depuis tant de siècles et parmi tous les peuples. Mais s'il eût été battu sur l'Issus, où l'armée de Darius était en bataille sur sa ligne de retraite, la gauche aux montagnes, la droite à la mer, tandis que les Macédoniens avaient la droite aux montagnes, la gauche à la mer, et le pas de Cilicie derrière eux ! Mais s'il eut été battu à Arbelles, ayant le Tigre, l'Euphrate et les déserts sur ses derrières, sans places fortes, à neuf cent lieues de la Macédoine ! Mais s'il eût été battu par Porus, lorsqu'il était acculé à l'Indus ! » (1)

Alexandre fut en effet très favorisé de la fortune dans le cours de ses conquêtes dont quelques-unes furent assurément bien légèrement hasardées ; son génie guerrier, la bonté de son plan dont il ne s'écarta pas, ses excellentes mesures administratives, et l'obéissance de ses troupes, furent, il est vrai, pour beaucoup dans ses suc-

---

quête ne demanda qu'une année et demie. Déduction faite en tout d'un court temps d'arrêt dans les villes principales, ce temps cadre parfaitement avec celui qui serait nécessaire pour parcourir par des marches une aussi grande étendue de pays » (*Histoire de la guerre, Antiquité* par *Ciriacy*, 1828, en allemand, page 308).

(1) *Bibliothèque historique et militaire*, tome 6, *Mémoires de Napoléon* page 371.

cès ; mais il est permis de croire que pour sa renommée Alexandre fit bien de mourir à 32 ans : au point où en étaient venues ses orgueilleuses faiblesses *divines* (1) et humaines, qui lui aliénaient son peuple et son armée, il est probable que la fin de son règne n'eût pas été aussi brillante que le début.

---

(2) « C'était surtout à deux choses, dit Plutarque, qu'Alexandre se reconnaisait mortel, au sommeil et à l'amour, parcequ'il regardait la lassitude et la volupté comme d'eux effets d'une même cause, la faiblesse de notre nature. » *Hommes illustres,* vie d'Alexandre, traduction *A. Pierron*, tome 3, page 406.

CHAPITRE II.

—

HANNIBAL.

(247–183)

Proclamé général en chef de l'armée carthaginoise à vingt-cinq ans, Hannibal rallume la guerre avec les Romains en prenant et saccageant (219) Sagonte, ville alliée des Romains.

Il se met immédiatement en marche pour exécuter le plan, qu'il méditait déja depuis des années, de porter la guerre en Italie, d'aller vaincre les Romains dans Rome. Cinq mois après son départ de Carthagène, il était de l'autre côté des Alpes, dans la vallée de l'Aoste, en Italie. Il n'avait, malgré ses intelligences avec les peuplades de ces pays, traversé les Gaules qu'à force d'escarmouches et de combats : et le passage des Alpes, qui dura quinze jours, lui avait causé des peines inouies ; sans sa persévérance, sans son courage, sans ses exhortations, son armée eût peut-être péri dans les montagnes, où il fallut se frayer une route, malgré des guides ignorants ou perfides. Arrivé en Italie il ne restait plus à Hannibal que 26,000 hommes : 8,000 espagnols, 12,000 africains et 6,000 cavaliers : il en avait perdu 36,000 depuis le passage du Rhône : les éléphants et les chevaux étaient exténués et se soutenaient à peine.

Rome, tant par elle-même que par ses alliés, pouvait mettre sur pied 700,000 fantassins et 70,000 cavaliers (1). Les forces d'Hannibal étaient donc extrêmement inférieures ; mais il comptait détacher de Rome une partie de ses alliés, et il se présenta comme le libérateur de l'Italie.

Le gain de la bataille du Tésin attira de toutes parts les Gaulois dans l'armée d'Hannibal. La victoire de la Trebbie ajouta de l'éclat à sa renommée, et lui permit de donner du repos à son armée pendant l'hiver dans la Gaule cisalpine. Tels furent les progrès d'Hannibal en une seule campagne (219 avant J-C.), malgré les plus grandes difficultés, malgré de faibles ressources, malgré son isolement, car l'égoïste Carthage l'abandonnait déjà.

Hannibal, pour arriver en Étrurie, se mit en marche au commencement du printemps. Il prit le chemin le plus court, et fut obligé de traverser pendant quatre jours et trois nuits des marais réputés impraticables : cette marche pénible décima son armée, et lui coûta à lui-même un œil.

Arrivé enfin dans un pays riche, le général carthaginois ne voulut pas perdre un instant : il lui fallait une victoire. Le caractère impétueux de Flaminius, l'un des consuls, s'y prêta facilement : excité par l'habileté de son adversaire, ce consul vint en effet se poster où le désirait Hannibal qui fit de suite engager le combat. L'acharnement fut grand de part et d'autre : la perte des Romains s'éleva à 15,000 morts et 15,000 prisonniers. Cette bataille s'appelle la bataille de Thrasymène (217 avant J-C.).

Trois batailles livrées, trois victoires ; tel était le *bulletin* d'Hannibal depuis son entrée en Italie. Rome s'alarma : elle eut recours à son grand remède, *l'unité du commandement ;* Quintus Fabius fut nommé dictateur.

Malgré toutes les agaceries d'Hannibal, Fabius évita un engage-

---

(1) Polybe, livre 2, chap. 5.

ment sérieux et ne risqua que des escamouches : ce système força
le Carthaginois à se jeter dans le bassin de la Campanie, dont on ne
peut sortir que par trois défilés.

Minucius, général de la cavalerie, ayant remporté un avantage
en l'absence du dictateur, crut pouvoir hasarder une action où l'at-
tirait Hannibal ; et, sans l'arrivée de Fabius, Minucius, tombé dans
une embuscade, eût été battu.

Ce système de temporisation dura deux ans : il était funeste à
Hannibal qui se trouvait au milieu de ses ennemis, sans alliés, sans
vivres, sans communications. Mais un jour le général carthaginois
surprit la citadelle de Cannes et s'établit dans ce pays déjà ruiné et
sans défense. Rome craignit alors que la fidélité de ses alliés vînt à
manquer et qu'ils ne se missent du parti d'Hannibal qui eût pu se
fortifier dans cette campagne de manière à continuer la guerre
longtemps encore : elle résolut de livrer bataille ; c'était tout ce
que désirait Hannibal.

Les consuls Paul-Emile et Varron furent mis à la tête d'une armée de 80,000 fantassins et de 7,000 cavaliers. L'armée carthaginoise ne comptait que 40,000 fantassins et de 1,000 cavaliers.
L'ineptie et la présomption du consul Varron étaient connues d'Hannibal qui en tira parti : la bataille de Cannes fut livrée le jour du
commandement de Varron : elle fut sanglante, acharnée, et fait le
plus grand honneur au génie tactique d'Hannibal qui remporta la
victoire la plus complète (216) : les Romains perdirent 44,000 hommes, les Carthaginois 5,700.

Après cette victoire qui jeta la terreur dans Rome, Hannibal
donna quelques jours de repos à ses troupes et s'occupa de se faire
des alliés. Ce furent ces alliances qui lui permirent de se maintenir encore quatorze ans en Italie, quoiqu'il n'ait jamais reçu de
Carthage d'autres renforts que 4,000 africains et 40 éléphants.

Hannibal prit ses quartiers d'hiver à Capoue.

Dès lors, bientôt épuisé par le système de temporisation qu'a-
doptèrent les nouveaux généraux de Rome (1), et réduit à la dé-

---

(1) — « Une cause du peu de succès d Hannibal depuis la bataille de

fensive, sa fortune alla en déclinant, et il desespéra du sort de Cartha gelorsqu'il apprit le résultat de la bataille du Métaure par la vue de la tête de son frère Hasdrubal que le consul Néron fit jeter dans son camp; Hasdrubal lui amenait d'Espagne 40,000 hommes de troupes fraîches.

Scipion ayant enfin débarqué en Afrique à la tête de 30,000 fantassins et 2,700 cavaliers , le sénat de Carthage rappela Hannibal d'Italie. Ce ne fut pas sans douleur que le héros carthaginois quitta cette terre où il s'était illustré par tant d'exploits : mais il obéit et sa réputation attira à son arrivée en Afrique un grand nombre de volontaires sous ses drapeaux. Battu par Scipion à la bataille de Zama (202), qui termina la seconde guerre punique, il fut contraint de s'exiler. Il alla d'abord en Syrie, puis en Bythinie, où il s'empoisonna (183) pour ne pas être livré aux Romains par Prusias.

Hannibal ne manquait d'aucune des qualités qui font les grands généraux *(Voyez l'introduction) :* c'était un génie complet, doué d'une grande perspicacité; il devinait le caractère de ses adversaires et presque toujours savait en tirer parti. — « Son principe était de tenir ses troupes réunies, de n'avoir garnison que dans une seule place qu'il se conservait en propre, pour renfermer ses ôtages, ses grosses machines, ses prisonniers de marque et ses malades; s'abandonnant, pour ses communications, à la foi de ses alliés (1). » — Plein de ressources, il créait ses instruments : son armée, ses alliés, ses vivres, il devait tout à lui même, car son in-

---

Cannes, c'est que les Romains commençaient à connaître son genre de talent, et à se corriger des fautes qui lui avaient donné la supériorité sur eux. Le génie des plus grand hommes est toujours fort borné. et souvent un habile général ne doit ses succès qu'à l'heureux emploi de deux ou trois idées neuves en rapport avec les circonstances. Mais lorsqu'il fait longtemps la guerre avec les mêmes ennemis, ses adversaires finissent par le comprendre, par le deviner, et par trouver enfin des moyens de défense proportionnés à son genre d'attaque. » (*Rogniat, Considérations sur l'art de la guerre*, 1846, note xviie, page 603)

(1) — *Bibliothèque historique et militaire*, tome 6. *Mémoires de Napoléon*, page 375.

grate et jalouse patrie, si digne du sort qu'elle éprouva, l'abandonnait comme un être dangereux, craignant qu'une fois maître de l'Italie et de l'Espagne il ne cherchât à opprimer la métropole. On est saisi d'admiration quand on considère qu'un seul homme, par la puissance de son génie et l'énergie de sa haine, parvint avec 26,000 hommes qu'il amena en Italie, et 223,000 auxiliaires (1) qu'il tira de ce pays, à mettre Rome à deux doigts de sa perte par quatre victoires sanglantes et décisives qu'il sut gagner d'une manière consécutive, et à inquiéter cette puissante rivale durant seize années, pendant lesquelles il réussit à se maintenir dans la péninsule.

Hannibal me paraît un des plus grands hommes de guerre qui aient jamais existé (2) : il me semble aussi grand qu'Alexandre : s'il fit de moins grandes choses, il ne faut pas oublier qu'il n'était que le général d'une République qui cherchait à amoindrir son pouvoir, et que les Romains étaient d'autres adversaires que les Perses.

Maintes fois en songeant à Hannibal et à toute l'énergie dont son âme a dû être trempée pour avoir lutté comme il a lutté, seul, pendant seize ans, dans un pays qui ne lui était point familier, sans points d'appui, contre un peuple aussi jeune et aussi vigoureux que le peuple romain ; maintes fois je me suis dit : ma patrie n'aura-t-elle pas aussi son Hannibal ? ma patrie ne produira-t-elle pas un homme fort, intelligent, dévoué, qui, à la tête de faibles forces et à ses risques et périls s'il le faut, ira porter la guerre au sein même

---

(1) — « Hannibal revint en Afrique avec 15,000 hommes. Il était venu en Italie avec 26,000 : il reçut, après la bataille de Cannes, seulement 4.000 hommes de renfort de Carthage. On estime ses pertes à 138,000 hommes dans les combats et engagements, et à 100,000 par les maladies. Hannibal avait donc tiré d'Italie 223,000 hommes de troupes auxiliaires. » (*Histoire de la guerre, Antiquité* par *Ciriacy,* 1828, en allemand. page 336).

(2) Le général *Lamarque* considère Hannibal comme : « le plus grand homme de guerre qu'ait produit l'antiquité. » (*Encyclopédie moderne,* article *Bataille*).

de nos ennemis, et, une fois installé chez eux, par une ou deux victoires, parviendra à s'y maintenir pendant des années à force de politique et de ruses? Qu'un pareil homme se trouve jamais, qu'il puisse accomplir son dessein, qu'il l'exécute, avec autant de peines et de souffrance que le héros carthaginois, et certes, quand même il échouerait, un long cri de sympathique approbation s'élevera du sein du pays reconnaissant.

Mais j'ai toujours, au milieu de mon admiration profonde, adressé un reproche à Hannibal. Pourquoi n'avoir pas marché sur Rome après la bataille de Cannes? Les commentateurs ont tout dit pour et contre. Pour, ils ont dit que Rome était encore redoutable, que toute sa population était guerrière et qu'en marchant sur elle le vainqueur risquait beaucoup. Contre, on a dit que plus tard Hannibal avait reconnu sa faute et s'en était repenti. J'ignore quels sont les motifs qui ont pu faire agir Hannibal, et nul, je crois, ne le sait mieux que moi : mais il me semble qu'à sa place je n'aurais pas hésité à marcher immédiatement sur Rome : j'y aurais trouvé de la résistance, de la difficulté, mais mon génie militaire les aurait peut-être surmontées : quelques populations mécontentes pouvaient m'accompagner au pillage de Rome : enfin j'avais chance de réussir, et c'est beaucoup d'agir avec cette chance. Si j'échouais à moitié, je rétrogadais et j'adoptais le système que je suivis : si j'échouais complètement, si j'étais cerné, battu, exterminé sans que je pusse y porter remède, je mourais alors les armes à la main, sous les murs de Rome, mon éternel objet de haine, après lui avoir fait le plus de mal possible, l'avoir pillée, démolie, incendiée : certes, ce sort valait bien celui d'aller m'empoisonner en Bythinie pour ne pas être livré aux Romains par un roi tel que Prusias!

Hannibal avait de la philosophie pratique : renonçant par prudence à marcher sur Rome, il attendit tout du bénéfice du temps : ce fut ce qui le perdit. Avec le temps les Romains réparèrent leurs forces, tandis que les Carthaginois épuisaient leurs ressources que rien ne venait alimenter. Une fois, pendant que les Romains faisaient le siège de Capoue, il les y laissa, marcha sur Rome et campa à 40 stades de ses murs : il fut sur le point de donner l'as-

saut; mais deux légions, qui se trouvaient par hasard dans la ville,
étant sorties, il changea d'avis et se retira (1).

Cette pointe audacieuse, l'un des beaux faits d'armes d'Hannibal, venait-elle d'un regret de n'avoir pas marché sur Rome après
la bataille de Cannes? Quoi qu'il en soit, elle dut lui prouver qu'une
occasion manquée se retrouve difficilement,

---

(1) — Polybe, livre 9. fragment 2.

CHAPITRE III.

—

JULES-CÉSAR.

(100-44)

Chez les Romains, l'homme de talent n'était pas contraint de se renfermer dans la sphère étroite de sa spécialité : il pouvait, il devait être à la fois orateur, publiciste, homme d'état et guerrier : le Consulat lui-même était et une magistrature civile et une charge militaire. Aussi les jeunes gens ne rougissaient pas à Rome, pendant les loisirs de la paix, de s'exercer publiquement à la poésie et à l'art oratoire : ils savaient bien qu'on ne cesserait pas de les regarder comme de bons citoyens et de vaillants légionnaires, par cela seul qu'ils auraient fait des vers ou prononcé des discours.

César, dont le nom résume à lui seul la grandeur romaine, n'eut d'autre spécialité que l'universalité de son génie. Il fut le premier capitaine et le deuxième orateur de Rome (1).

---

(1) Plutarque, *Hommes illustres*, vie de César, traduction *A. Pierron*, tome 3, pages 540 et 554.

Il naquit avec son siècle (100 avant J.-C.) : d'une famille patricienne et neveu de Marius, il réunissait en sa personne les deux partis qui agitaient Rome. Sa jeunesse fut dissolue : il était prodigue, éloquent et plein d'audace. Sylla voulut lui faire répudier sa femme : il résista au dictateur et s'exila en Asie où il devint prisonnier des pirates. De retour à Rome, après la mort de Sylla, il releva les trophées de Marius, s'annonça comme le défenseur de l'humanité, devint questeur, édile, pontife. Pendant sa préture (60) le Sénat se déclara contre lui. Il alla gouverner la Cisalpine, puis l'Espagne, comme propréteur : déclaré *Imperator* par son armée, il revint à Rome se liguer avec Crassus et Pompée, et former le premier triumvirat. Pendant son consulat (59) il marcha constamment à la tête du parti de Marius, malgré l'opposition du Sénat. Nommé l'année d'après, pour cinq ans, gouverneur des deux Gaules (1) et de l'Illyrie, il partit à quarante-et-un ans pour son gouvernement, sachant bien qu'il allait y chercher la domination sur Rome.

« Dans la pitoyable agitation de Rome, a dit M. *Michelet,* au milieu d'une société tombée si bas, que Pompée et Cicéron s'en trouvaient les deux héros, certes, celui-là fut un grand homme qui laissa toutes ces misères, et s'exila pour revenir maître. L'Italie était apaisée, l'Espagne indisciplinable ; il fallait la Gaule pour asservir Rome. J'aurais voulu voir cette blanche et pâle figure, fanée avant l'âge par les débauches de Rome, cet homme délicat et épileptique, marchant sous les pluies de la Gaule, à la tête des légions ; traversant nos fleuves à la nage ; ou bien à cheval entre les litières où ses secrétaires étaient portés, dictant quatre, six lettres à la fois, remuant Rome du fond de la Belgique, exterminant sur son chemin deux millions d'hommes, et domptant en dix années la Gaule, le Rhin et l'Océan du Nord (2). »

Napoléon a donné dans ses mémoires une analyse (3) des cam-

---

(1) La Cisalpine et la Narbonnaise.
(2) Histoire Romaine, République, tome 2, page 234.
(3) *Bibliothèque historique et militaire,* tome 6, *Mémoires de Napoléon,*

pagnes de César : cette analyse brillante d'érudition, car l'Empereur connaissait à merveille l'histoire militaire de ses devanciers, n'occupe que quelques pages : je vais la reproduire, car je ne pourrais mieux faire.

« Les peuples d'Helvétie avaient quitté leur pays au nombre de trois cents mille, pour s'établir sur les bords de l'Océan. Ils avaient quatre-vingt-dix mille hommes armés, et traversaient la Bourgogne. Les peuples d'Autun appelèrent César à leur secours. Il partit de Vienne, place de la province Romaine ; remonta le Rhône, passa la Saône à Châlons, atteignit l'armée des Helvétiens à une journée d'Autun, et défit ces peuples dans une bataille longtemps disputée. Après les avoir contraints à rentrer dans leurs montagnes, il repassa la Saône, se saisit de Besançon, et traversa le Jura pour aller combattre l'armée d'Arioviste ; il le rencontra à quelques marches du Rhin, la battit et l'obligea à rentrer en Allemagne. Sur ce champ de bataille, il se trouvait à quatre-vingt-dix lieues de Vienne ; sur celui des Helvétiens il en était à soixante-dix lieues. Dans cette campagne, il tint constamment réunies en un seul corps les six légions qui formaient son armée. Il abandonna le soin de ses communications à ses alliés, ayant toujours un mois de vivres dans son camp et un mois d'approvisionnements dans une place forte, où, à l'exemple d'Hannibal, il renfermait ses ôtages, ses magasins, ses hôpitaux : c'est sur ces mêmes principes qu'il a fait ses sept autres campagnes des Gaules.

« Pendant l'hiver de 57, les Belges levèrent une armée de 300,000 hommes qu'ils confièrent à Galba, roi de Soissons. César, prévenu par les Rémois, ses alliés, accourut et campa sur l'Aisne. Galba, désespérant de le forcer dans son camp, passa l'Aisne pour

---

pages 375 et suivantes. — On doit aussi à l'Empereur un précis plus complet des campagnes de César, analogue aux *Précis des guerres de Turenne et de Frédéric II* que contiennent ses mémoires ; il est intitulé . *Précis des guerres de César*, par *Napoléon*, écrit par M. *Marchand*,, à l'île Sainte-Hélène, sous la dictée de l'Empereur ; un volume in-8°, Paris, chez Gosselin, 1836.

se porter sur Reims ; mais il déjoua cette manœuvre, et les Belges se débandèrent ; toutes les villes de cette ligne se soumirent successivement. Les peuples du Hainaut le surprirent sur la Sambre aux environs de Maubeuge, sans qu'il eût le temps de se ranger en bataille : sur les huit légions qu'il avait alors, six étaient occupées à élever les retranchements du camp, deux étaient encore en arrière avec les bagages. La fortune lui fut si contraire dans ce jour, qu'un corps de cavalerie de Trèves l'abandonna et publia partout la destruction de l'armée Romaine, et cependant il triompha.

« L'an 56, il se porta tout d'un trait sur Nantes et Vannes, en faisant de forts détachements en Normandie et en Aquitaine : le point le plus rapproché de ses dépôts était alors Toulouse, dont il était à cent trente lieues, séparé par des montagnes, de grandes rivières, des forêts.

« L'an 55, il porta la guerre au fond de la Hollande, à Zuphten, où quatre cents mille barbares passaient le Rhin pour s'emparer des terres des Gaulois : il les battit, en tua le plus grand nombre, les rejeta au loin, repassa le Rhin à Cologne, traversa la Gaule, s'embarqua à Boulogne, et descendit en Angleterre.

« L'an 54, il franchit de nouveau la Manche avec cinq légions, soumit les rives de la Tamise, prit des ôtages et rentra avant l'équinoxe dans les Gaules ; dans l'arrière-saison, ayant appris que son lieutenant Sabinus avait été égorgé près de Trèves avec quinze cohortes, et que Quintus-Cicéron était assiégé dans son camp de Tongres, il rassembla huit à neuf mille hommes, se mit en marche, défit Ambiorix, qui s'avança à sa rencontre, et délivra Cicéron.

« L'an 53, il réprima la révolte des peuples de Sens, de Chartres, de Trèves, de Liège, et passa une deuxième fois le Rhin.

« Déjà les Gaulois frémissaient, le soulèvement éclatait de tous côtés. Pendant l'hiver de 52 ils se levèrent en masse : les peuples si fidèles d'Autun même prirent part à la guerre ; le joug romain était odieux aux Gaulois. On conseillait à César de rentrer dans la province romaine ou de repasser les Alpes ; il n'adopta ni l'un ni l'autre de ces projets. Il avait alors dix légions ; il passa la Loire et assiégea Bourges au cœur de l'hiver, prit cette ville à la vue de l'armée de Vercingétorix, et mit le siége devant Clermont : il y échoua, perdit ses ôtages, ses magasins, ses remontes qui étaient dans Nevers, sa place de dépôt, dont les peuples d'Autun s'emparèrent. Rien ne paraissait plus critique que sa position. Labiénus, son lieutenant, était inquiété par les peuples de Paris; il l'appela à lui, et, avec son armée réunie, il mit le siége devant Alise, ou s'était enfermée l'armée gauloise. Il employa cinquante jours à fortifier ses lignes de contrevallation et de circonvallation. La Gaule leva une nouvelle armée plus nombreuse que celle qu'elle venait de perdre; les peuples de Reims seuls restèrent fidèles à Rome. Les Gaulois se présentent pour faire lever le siége; la garnison réunit pendant trois jours ses efforts aux leurs, pour écraser les Romains dans leurs lignes : César triomphe de tout; Alise tombe et les Gaules sont soumises.

« Pendant cette grande lutte, toute l'armée de César était dans son camp; il n'avait aucun point vulnérable. Il profita de sa victoire pour regagner l'affection des peuples d'Autun, au milieu desquels il passa l'hiver, quoiqu'il fît des expéditions à cent lieues l'une de l'autre et en changeant de troupes. Enfin, l'an 51, il mit le siége devant Cahors ou périrent les derniers des Gaulois. Les Gaules devinrent provinces romaines ; leur tribut accrut annuellement de huit millions les richesses de Rome.

« Dans ses campagnes de la guerre civile, il triompha en suivant la même méthode, les mêmes principes; mais il courut bien plus de dangers. Il passa le Rubicon n'ayant qu'une légion, il prit à Corfinium trente cohortes, chassa en trois mois Pompée de l'Italie. Quelle rapidité ! quelle promptitude ! quelle audace !.. Pendant qu'il faisait préparer les vaisseaux nécessaires pour passer l'Adriatique et suivre son rival en Grèce, il passa les Alpes, les Pyrénées, traversa la Catalogne à la tête de 900 chevaux, à peine suffisants pour son escorte; arriva devant Lérida, et, en quarante jours, soumit les légions de Pompée que commandait Afranius : il traversa d'un trait la distance qui sépare l'Èbre de la Sierra Moréna, pacifia l'Andalousie, et revint faire son entrée triomphante à Marseille que ses troupes venaient de soumettre ; enfin il arrive à Rome, y exerce pendant dix jours la dictature, et repart pour se mettre à la tête des douze légions qu'Antoine avait réunies à Brindes.

« L'an 48, il traversa l'Adriatique avec vingt-cinq mille hommes, tint plusieurs mois en échec toutes les forces de Pompée, jusqu'au moment où, rejoint par Antoine qui a traversé la mer en bravant les flottes ennemies, il marcha sur Dyrrachium, place de dépôt de Pompée, et l'investit. Celui-ci campe à quelques milles de cette place, au bord de la mer. César alors, non content d'avoir investi Dyrrachium, investit le camp ennemi ; il profite des sommités des collines qui l'environnent, les occupe par vingt-quatre forts qu'il fait élever, et établit ainsi une contrevallation de six lieues. Pompée, acculé à la mer, en recevait des vivres et des renforts, au moyen de sa flotte, qui dominait sur l'Adriatique ; il profita de sa position centrale, attaqua et battit César, qui perdit trente drapeaux et plusieurs milliers de soldats, l'élite de ses vétérans. Sa fortune paraissait chanceler : il n'avait plus de renforts à espérer, la mer lui était fermée ; tous les avantages étaient pour Pompée. Il fait une marche de cinquante lieues, porte la guerre en Thessalie, et défait l'armée de Pompée aux champs de Pharsale : Pompée, presque seul, quoique maître de la mer, fuit et se présente en suppliant sur les côtes de l'Égypte, où il reçoit la mort des mains d'un lâche assassin.

« Peu de jours après, César arrive sur ses traces (1), entre dans Alexandrie, est cerné dans le palais et dans l'amphithéâtre par la population de cette grande cité, et par l'armée d'Achillas. Enfin,

---

(1) Si César poursuit immédiatement Pompée, « c'est pour nous apprendre, dit le célèbre auteur du *Parfait capitaine*, de nous servir de l'occasion quand elle s'offre favorable à nous, et de ne remettre à une autre fois ce qu'on peut exécuter présentement. Car les choses du monde sont sujettes à de grandes révolutions : et les affaires qu'eut encore César après la mort de Pompée, font assez juger que si, à l'imitation de plusieurs grands personnages, il eût voulu cueillir les fruits de sa victoire avant qu'ils fussent mûrs, et goûter le repos avant qu'il fût assuré, il eût pu s'en repentir. » (*Abrégé des guerres civiles*, livre 3, remarques.)

après neuf mois de dangers, de combats continuels, dont la perte d'un seul eût entraîné sa ruine, il triomphe des Egyptiens.

« Pendant ce temps, Scipion, Labiénus et le roi Juba dominaient dans l'Afrique avec quatorze légions, reste du parti de Pompée : ils avaient des escadres nombreuses, et interceptaient la mer. Caton, à Utique, soufflait sa haine dans tous les cœurs. César s'embarque avec peu de troupes, arrive à Adrumette, éprouve des échecs dans plusieurs rencontres, est enfin joint par toute son armée, et défait sur les champs de Thapsus, Scipion, Labiénus et le roi Juba : Caton, Scipion et Juba se donnèrent la mort. Ni les places fortes, ni les escadres nombreuses, ni les serments et les devoirs des peuples ne purent soustraire les vaincus à l'ascendant et l'activité du vainqueur. En l'an 45, les fils de Pompée, ayant réuni en Espagne les débris de Pharsale et de Thapsus, s'y trouvaient à la tête d'une armée plus nombreuse que celle de leur père. César partit de Rome, arriva en vingt-trois jours sur le Guadalquivir, et défit Sextus Pompée à Munda. C'est là que, sur le point d'être battu, et ses vieilles légions paraissant s'ébranler, il pensa, dit-on, à se donner la mort. Labiénus resta sur le champ de bataille ; la tête de Sextus Pompée fut apportée aux pieds du vainqueur.

« Les principes de César ont été les mêmes que ceux d'Alexandre et d'Hannibal : tenir ses forces réunies, n'être vulnérable sur aucun point, se porter avec rapidité sur les points importants, s'en rapporter aux moyens moraux, à la réputation de ses armes, à la crainte qu'il inspirait, et aussi aux moyens politiques, pour maintenir dans la fidélité ses alliés, et dans l'obéissance les peuples conquis. »

De retour à Rome après tant d'exploits, après tant de fatigues, César vit la basse flatterie du Sénat accumuler sur lui les honneurs (1) ; il les accepta et chercha à se faire aimer par une clémence sans bornes. Puis il forma des projets gigantesques. Il voulut promulguer un code , creuser un port à Ostie, réédifier

---

(1) Ce corps illustre alla jusqu'à lui donner toutes les femmes.

Corinthe et Carthage, percer l'isthme de Corinthe et renouveler en Asie les conquêtes d'Alexandre. C'est au milieu de ces pensées qu'il fut poignardé en plein Sénat, par Brutus et Cassius, (44 ans avant J.-C.)

La vie de César fut d'une prodigieuse activité : ce qu'il fit en 14 ans (de 58 à 44) est presque incroyable. Il avait pour principe d'agir rapidement (1), et de frapper coups sur coups, afin de ne pas donner à son ennemi le temps de se reconnaître. Dans ce but il franchissait au vol une grande distance, n'emmenant souvent que sa cavalerie : mais peu lui importait d'arriver à la tête de peu de troupes pourvu qu'il arrivât. On le voit en effet, dans presque toutes ses campagnes, commencer avec de faibles forces, puis se fortifier, s'agrandir et rayonner bientôt au loin : maintes circonstances des campagnes des Gaules et de la campagne d'Afrique, que le lecteur peut lire dans les *Mémoires militaires de Guischardt,* sont là pour prouver ce que j'avance. Il y avait le plus souvent témérité à procéder ainsi; mais César comptait sur sa fortune et sur son génie. On voit quelquefois percer chez ce grand homme le partisan, le chef des mercenaires, l'Hannibal : il s'exposait avec légèreté, puis, une fois dans le mauvais pas, s'en tirait à force de courage et d'intelligence.

Pour conserver ses conquêtes, César employait la douceur et la bonté envers ceux qui se soumettaient, la rigueur et même la cruauté envers ceux qui se révoltaient.

Dans toutes ses campagnes, « il a montré que ce qui l'a rendu

---

(1) La prise de Gomphi (Thessalie) est un exemple de la rapidité de César. Les *Commentaires* (*Guerre civile,* livre 3, chap. 80) la rapportent ainsi : « Profitant de l'ardeur admirable qu'il avait inspirée à ses soldats, le jour même de son arrivée, il entreprend, à plus de trois heures après midi, l'attaque de cette place dont les murailles étaient fort hautes, s'en empare avant le coucher du soleil, et l'abandonne au pillage. Aussitôt après il décampe et arrive à Métropolis avant qu'on ait pu y apprendre la nouvelle de la destruction de Gomphi. » César, dit Plutarque, savait se servir de tous les avantages que la guerre peut offrir, mais il savait surtout profiter du temps.(*Hommes illustres,* vie de César.)

heureux en ses exploits, a été principalement son invariable ordre au camper sûrement (1) ; se retranchant toujours afin de n'être jamais contraint de combattre que quand il voudrait, et de pouvoir prendre les occasions qui s'offriraient de défaire ses ennemis : de pourvoir à ce que les vivres ne lui manquassent point , de tenir toujours ses soldats en exercice et en haleine pour pouvoir exécuter ses desseins avec promptitude et bon ordre (2). »

César n'arriva à Alexandrie qu'avec 3200 hommes ; aussi la lutte qu'il eut à y soutenir fut-elle terrible et manqua-t-il d'y périr lui et ses *Commentaires* (3). Cela ne l'empêcha pas de partir ensuite avec 1000 hommes seulement pour combattre Pharnaze, roi de Pont : avec ces 1000 hommes et les débris de trois légions qu'il trouva sur place, il battit Pharnaze à Zéla. C'est par les mots célè-bres : *Veni, vidi, vici*, qu'il rendit compte à Rome de cette cam-pagne rapide.

Je l'avoue, j'ai un faible pour César : je le trouve plus grand qu'Alexandre, plus grand qu'Hannibal. Comme ce dernier il eut de rudes ennemis à combattre : ce furent d'abord les Gaulois, peu-ple inconstant et indocile, mais ennemi valeureux et sans cesse re-naissant : ce furent ensuite, dans la guerre civile, les Romains eux-mêmes commandés par des généraux tels que Pompée, La-biénus et Scipion. J'oubliais les Bretons, les Espagnols et les Nu-mides, et bien d'autres, car César combattit dans presque toutes les parties du monde alors connu. Comme Hannibal il fut souvent obligé de se créer une armée, une flotte, des machines, d'immen-

---

(1) Chez les Romains, l'usage de camper était un point de discipline invariable : ils se retranchaient même pour une nuit. César perfection-na la fortification des camps.

(2) Le *Parfait capitaine*, Abrégé des guerres des Gaules, livre 1ᵉʳ, re-marques.

(3) Pendant la défense de la presqu'île contre les Alexandrins, « Cé-sar, se trouvant dans un vaisseau rempli de fugitifs qui s'ouvrit, nagea pour en atteindre un autre et tint entre ses dents ses Commentaires pour ne les donner ni à l'ennemi, ni aux flots. » (*Histoire de la guerre, antiquité*, par *Ciriacy*, 1828, en allemand, p. 444.)

ses fortifications : ce dont il avait besoin, il le faisait *sortir de terre* et ne s'en vantait pas. Pompée s'en vantait, mais il était impuissant à être *grand* s'il n'avait à sa disposition tous les moyens dont un État civilisé peut armer la main d'un général.

César prehait la peine d'instruire et d'exercer lui-même ses troupes, leur enseignant la manière dont il fallait combattre chaque genre d'ennemi différent. — J'en cite deux exemples. — Pour combattre la cavalerie Numide, il leur disait de tantôt avancer, de tant`t reculer, de tantôt feindre l'attaque et décocher le javelot (1). — A Pharsale, pour combattre la belle jeunesse de Rome, il se contenta de leur jeter ces mots en passant : *Frappez au visage.* — Tout en descendant aux détails, César n'oubliait rien d'essentiel, et ses instructions à ses lieutenants, quoique courtes, étaient nettes et suffisantes. Pour mieux s'expliquer dans ces instructions, il avait soin de recueillir tous les renseignements topographiques possibles sur les pays où il agissait. Aussi, « il ne se trouva jamais embarrassé. Perdait-il une communication, il en établissait une autre. Sa dernière et plus sûre base était un camp d'armée, son but d'opérations le point le plus rapproché de l'ennemi, sa plus courte ligne d'opérations le chemin du combat : César l'employait presque continuellement. Il se conservait toujours l'initiative. Il devait surtout la victoire à la surprise et à l'inattendu de son apparition. Les circonstances ne pouvaient le réduire que pour peu de temps à la défensive. C'était presque alors qu'il était le plus redoutable, lorsque son adversaire se croyait près de triompher. Aucun des défauts de cet adversaire n'échappait à son regard d'aigle, et il savait en profiter avec la rapidité de l'éclair. De chaque désastre il faisait jaillir la victoire (2). »

Le nom de César a eu plus de retentissement que ceux d'Alexandre et d'Hannibal : est-ce parce qu'il est le plus grand homme du plus grand des peuples de l'antiquité ? est-ce parce que ses armes visi-

-----

(1) *Hirtius, Guerre d'Afrique,* chapitre 71.

(2) *Histoire de la guerre. Antiquité,* par *Ciriacy,* 1828, en allemand. p. 361.

tèrent plus de pays que les armes d'Alexandre et d'Hannibal ? est-ce enfin parce que son nom servit sous l'Empire romain à désigner une dignité, et que de nos jours encore *Kaiser* en Allemagne et *Czar* en Russie veulent dire Empereur? Je ne sais, mais il me semble que César a bien mérité toute la gloire attachée à son nom par la postérité.

CHAPITRE IV.

—

CHARLEMAGNE.

(742-814)

En montant sur le trône, Charlemagne comprit qu'il fallait donner de la stabilité au royaume des Francs ; qu'il fallait consolider les conquêtes de Peppin d'Herstall, de Charles-Martel, et de Peppine-Bref. Dans ce but, au nord et au midi, il repoussa et contint, ou extermina, les peuples envahisseurs, ce qui exigea pendant son règne cinquante-trois expéditions : « dix-huit contre les Saxons, sept contre les Sarrasins d'Espagne, sept contre les Sarrasins d'Italie, quatre contre les Abares, trois contre les Danois, quatre contre les Slaves, cinq contre les Lombards, deux contre les Grecs, une contre les Thuringiens, une contre les Aquitains, deux contre les Bretons. »

A la mort de Peppin-le-Bref, l'Aquitaine se souleva : Charles marcha contre cette province, défit le vieux duc Hunold, désarma les Aquitains et bâtit sur la Dordogne un château-fort destiné à maintenir le pays dans l'obéissance.

La soumission des Saxons dura trente-trois ans ; ce fut la plus pénible des conquêtes de Charlemagne : ce peuple courageux se remuait, se révoltait sans cesse. Toujours vaincu, toujours cruellement puni, il finit par donner des ôtages et par abandonner le culte des idoles. Charlemagne le convertit par la force, punissant, comme un indice de révolte, chaque infraction aux préceptes de la religion chrétienne. Il espérait que leur conversion ferait plus pour leur soumission que la puissance de ses armes. Il abattait leurs forêts, y construisait des forts, y bâtissait des villes et des abbayes : enfin il transplantait des populations entières.

Didier, roi des Lombards, ayant menacé Rome, le pape Adrien appela les Francs à son secours. Charles traversa les Alpes, battit les Lombards et arriva jusqu'à Rome où il fut reçu en libérateur. Il acheva ensuite la conquête de la Lombardie, força Didier à se faire moine, et ajouta à ses titres de roi des Francs et de Patrice des Romains, celui de roi des Lombards.

Charlemagne marcha ensuite contre les Sarrasins d'Espagne, s'empara de Pampelune et se porta sur Sarragosse. Mais, ne trouvant pas autant d'alliés qu'il y comptait, il retrograda et c'est à son retour qu'il fut surpris, par les Vascons d'Espagne et les Arabes, dans les défilés de Roncevaux où périt le célèbre *Roland*. Le roi des Francs revint sur ses pas pour se venger, et fit pendre Lupus, le duc des Vascons ; puis il organisa l'Aquitaine en quinze comtés qu'il confia à des vassaux dévoués, et forma de l'Aquitaine, de la Vasconie et de la Septimanie un royaume à part, posté en face des Arabes et destiné à leur résister : il donna ce royaume à son fils Louis.

Pendant ces guerres et leurs intervalles, Charlemagne organisait l'administration de son royaume. Il chercha à centraliser, ce qui était difficile à une époque où la féodalité se formait et se consolidait ; il confia le gouvernement des provinces à des gouverneurs qui levaient des troupes, percevaient les impôts, rendaient la justice, et veillaient à l'entretien des monuments publics, des routes et des ponts. Des envoyés royaux (missi dominici) inspectaient les provinces et les gouverneurs. En outre il réforma le clergé, restaura les lettres et les arts, et mit tous ses soins à améliorer le sort misérable des esclaves.

Toutes ses frontières étaient menacées : Charlemagne fut obligé de soumettre les Thuringiens, les Bretons et les Bavarois. Son fils Peppin, qu'il avait fait roi d'Italie, ravagea le pays des Huns et força le roi des Arabes à se faire chrétien.

Les Arabes passèrent les Pyrénées, s'emparèrent de Narbonne et ravagèrent la Septimanie. Alors Louis pénétra en Espagne, fut vainqueur des Arabes et des Vascons et s'empara de Barcelone et de Tortose : dès-lors le bassin de l'Èbre appartint aux Francs.

Avec tant de puissance et tant de gloire, Charlemagne alla à Rome se faire couronner, de la main du pape, empereur d'Occident : la cérémonie eut lieu le jour de Noël 800, c'est-à-dire quelques jours seulement avant le neuvième siècle.

Le nouvel empereur voulut profiter du prestige de sa nouvelle dignité pour achever de centraliser le pouvoir entre ses mains : et il exigea le serment de fidélité de tous ses sujets, excellente mesure qui tendait à porter atteinte, en faveur de la royauté, au pouvoir direct des propriétaires d'aleux sur leurs vassaux.

Les frontières étaient encore menacées, et pour les défendre il fallut que Charles fît de nouveau la guerre ; mais il ne la fit plus en personne et fut remplacé soit par ses lieutenants, soit par ses fils. Comme les peuples limitrophes ne pouvaient plus envahir par terre l'empire des Francs, à cause des forts et des troupes qui défendaient de ce côté les frontières, ils montèrent leurs navires (1) et vinrent en pirates inquiéter les côtes de l'Océan : c'était un nouveau genre d'invasion qui devait plus tard devenir funeste à la France !

Le 28 janvier 814 « Charles mourut, après avoir régné quarante-six ans comme roi et quatorze comme empereur. L'antiquité

---

(1) Les Normands n'avaient pas seulement, comme on l'a répété souvent, des *barques* en osier ou en bois, mais bien aussi des *navires* de différentes dimensions qui leur permettaient de traverser les mers. Consultez à cet égard, A. JAL, *Archéologie navale,* Paris, 1840, tome I, pages 134 et suivantes.

n'avait présenté que deux hommes aussi grands : et l'humanité attendit mille ans avant d'en avoir taillé un à cette hauteur » (1).

Rien n'a manqué à la gloire de Charlemagne : l'église reconnaissante en a fait un saint et l'épithète de grand est restée partie intégrante de son nom. Comme fondateur d'empire, comme pacificateur, comme administrateur, Charlemagne n'est point au-dessous d'une pareille gloire ; mais comme guerrier, comme général, il la mérite plutôt pour les résultats qu'il obtint que pour l'habileté avec laquelle il conduisit ses guerres : son secret était en effet plus politique que militaire : il avait le plus grand soin de maintenir la division parmi ses ennemis et tombait à l'improviste sur les révoltés qu'il châtiait avec énergie. Les historiens impartiaux sont assez d'accord (2) à cet égard et quelques citations montreront que comme *homme de guerre*, Charlemagne est inférieur à Alexandre, à Hannibal et à César.

« L'histoire de Charlemagne, dit M. le lieutenant colonel *Rocquancourt* dans son *Cours élémentaire d'art et d'histoire militaires*, (3) est assez connue pour qu'on n'ait aucun doute sur l'étendue de sa puissance et sur ses victoires ; mais on ne peut former que des conjectures sur l'organisation et la manière de combattre de ses armées. Charles avec son aptitude et un génie extraordinaire

---

(1) T. LAVALLÉE, *Histoire des Français*, tome I, p. 464. Cette citation montre que l'auteur considère comme les plus grands hommes produits par l'humanité : Alexandre, César, Charlemagne, Napoléon.

(2) Un des dissidents est M. le major wurtembergeois de *Kausler*. — On lit en effet dans son *Essai d'une histoire militaire de tous les peuples*, en allemand, tome III, Ulm, 1828, p. 589 : « Comme général, Charlemagne paraît encore plus remarquable que comme homme d'État. Par l'étendue de ses vues pour ses plans d'opérations, et l'uniformité de sa conduite, il exécutait avec facilité les plus grandes expéditions et avec rapidité les plus rudes campagnes. Sa persévérance dans les entreprises difficiles, son mépris de tout danger personnel, le placent à côté des héros de l'antiquité. »

(4) Tome I, page 241.

pour le gouvernement et pour la guerre, et l'expérience acquise pendant un règne de quarante-sept ans, rempli d'expéditions dans tous les pays et contre des ennemis de plus d'une espèce, améliora vraisemblablement quelques parties de la discipline ; mais encore est-il douteux qu'il ait fait revivre la tactique romaine, ainsi que le *P. Daniel* cherche à l'insinuer : car si cela avait eut lieu, l'art ne se serait point retrouvé, sous ses successeurs, au point où il était, et même au-dessous de ce qu'il était du temps de Charles-Martel son aïeul ; la guerre contre les Saxons eût été abrégée : la cavalerie, sous son règne, n'aurait pas pris un ascendant décidé sur l'infanterie, et ses paladins ne seraient pas devenus des héros de romans : preuve évidente que déjà la *prouesse* avait pris la place de la tactique avec laquelle elle est à peu près incompatible. »

« Pour bien juger, dit *Gibbon*, de la réputation que Charlemagne a obtenue dans le métier des armes, il faut considérer quels furent ses troupes, ses ennemis et ses actions. Alexandre fit des conquêtes avec les soldats de Philippe : mais les deux héros qui précédèrent Charlemagne lui léguèrent leur nom, leurs exemples et les compagnons de leurs victoires. C'est avec ces vétérans, et à la tête de ses armées supérieures en nombre, qu'il accabla des nations sauvages ou dégénérées, qui ne pouvaient se réunir pour leur sûreté commune : et jamais il ne combattait un peuple qui eût le même nombre de troupes, la même discipline et les mêmes armes que lui. La science de la guerre a été perdue, et s'est ranimée avec les arts de la paix : mais aucun siége ou aucune bataille bien difficile ou d'un succès bien éclatant n'illustra ses campagnes, et il dut voir d'un œil d'envie les triomphes de son grand-père sur les Sarrazins. Après son expédition d'Espagne, son arrière-garde fut défaite dans les Pyrénées ; et ses soldats, dont la position était sans remède, et dont la valeur était inutile, purent en mourant accuser le défaut d'habilé ou de circonspection de leur général » (1).

---

(1) *Décadence de l'Empire romain*, édition du Panthéon littéraire, t. 2, p. 371.

CHAPITRE V.

—

GENGIS-KHAN.

(1164-1227.)

Gengis (mieux Tchinggis) ne savait ni lire ni écrire ; et presque tous ses sujets, Mongols ou Tartares, étaient aussi ignorants que lui : leurs exploits se sont conservés par tradition.

Gengis conquit d'abord tout le désert qui se trouve entre la muraille de la Chine et le Volga, puis il attaqua la Chine dont ses ancêtres étaient tributaires. Dans sa première expédition contre ce pays il prit quatre-vingt-dix villes, et consentit à la paix sous condition d'un tribut d'or et de soie, plus une princesse de la Chine, cinq cents jeunes hommes et cinq cents jeunes vierges. Dans sa seconde expédition il prit Pékin et augmenta son Empire des cinq provinces méridionales de la Chine.

Gengis attaqua ensuite Mohammed, sultan de Kharizm, le vainquit près du Jaxarte dans une grande bataille, où il opposa 700000 hommes aux 400000 combattants de l'armée ennemie : 160000 de ces derniers restèrent sur place. Après sa victoire, Gengis, qui avait formé un corps d'ingénieurs et de mécaniciens chinois, assiégea successivement les nombreuses places de l'Empire de

Mohammed et s'en empara. Il ravagea ensuite et convertit en un désert tout le pays situé depuis la mer Caspienne jusqu'à l'Indus. Mohammed périt abandonné de ses sujets dans une île déserte de la mer Caspienne : son fils Gelaleddin, malgré sa valeur, fnt vaincu, et l'empereur Mongol, forcé de céder aux murmures de ses troupes, interrompit le cours de ses conquêtes. Chargé des dépouilles de l'Asie, il revint lentement et trouva « au-delà de l'Oxus et du Jaxarte, les deux généraux qu'il avoit détachés avec 30000 hommes pour réduire les provinces méridionales de la Perse. Après avoir renversé tout ce qui s'offrait à leur passage, forcé le défilé de Derbend, traversé le Volga et le désert, et fait le tonr entier de la mer Caspienne, ils revenaient triomphants d'une expédition dont l'antiquité n'offrait point d'exemples, et qu'on n'essaya jamais de renouveler ; Gengis signala son retour par la défaite de tous les peuples tartares rebelles ou indépendants, et mourut dans un âge avancé, au sein de la gloire, en exhortant ses fils d'achever la conquête de la Chine (1). »

Ses exhortations furent suivies : Ses fils conquirent la Chine entière, puis envahirent et ravagèrent la Georgie, la Circassie, la Russie et les frontières de l'Allemagne : ils brûlèrent Moscou, détruisirent Lublin et Cracovie, et firent trembler l'Europe.

Au point de vue de l'art militaire, Gengis-Khan jette peu d'éclat, et ses talents guerriers sont certes bien inférieurs à ceux d'Alexandre-le-Grand, d'Hannibal et de César. Mais il fut un des plus grands conquérants de la terre, et c'est à ce titre qu'il figure dans cette dissertation. Petit prince tartare régnant sur treize mille familles, et dont le nom véritable était *Temugin*, il sut par son génie se créer un empire qui avait à sa mort plus de quinze cents lieues de large, de Pékin à la mer Caspienne.

---

(1) Gibbon, *Décadence de l'Empire romain*, édition du *Panthéon littéraire*, t. II, p. 787.

CHAPITRE VI.

TAMERLAN.

—

1336-1405.

Tamerlan descendait de Gengis Khan par les femmes : simple chef de tribu, mais doué de grands talents militaires, il eut toute sa vie l'ambition d'aspirer à la monarchie universelle. *La plus digne occupation d'un prince*, dit-il, dans ses *Instituts, est de conquérir le monde.* La politique eut aussi une grande part dans ses succès, ce qu'il explique par la maxime suivante : *Un projet sagement combiné produit plus d'effet qu'un corps de* 100,000 *cavaliers.*

Proclamé empereur du Djagataï en 1370, après bien des vicissitudes et des combats, il choisit Samarkand pour sa capitale et y établit le siége de son Empire.

En 1371, il ouvrit la série de ses conquêtes. D'une activité infatigable il « n'était jamais content qu'il ne fût venu à bout des affaires qu'il avait commencées » (1) : aussi, avant sa mort, avait-il ajouté vingt-six couronnes à celle du Djagataï.

Il soumet d'abord le pays des Djettes et le Kharizm : les Djettes se révoltèrent plusieurs fois, et il fallut dix ans pour les réduire entièrement,

Il envahit ensuite (1380) la Perse ruinée par quarante années de discordes civiles. En 1387, il s'empare d'Ispahan dont il fait mas-

---

(1) CHERIF-EDDIN-ALI, *Histoire de Tamerlan*, traduite par *Petis de la Croix*, Paris, 1722, 4 vol. in-12, tome I, page 223.

sacrer tous les habitants, et incruste 70000 têtes dans les murs de plnsieurs tours qu'il élève comme trophées de ses exploits. (1).

En 1390 il pénètre dans le Kaptchak, remporte sur le Khan Toktamisch une sanglante victoire et ramène une foule de captifs.

En 1392 et 1393 il achève la conquête de la Perse et ravage la Georgie.

En 1395 il dévaste tout le Kaptchak, pénètre jusqu'à Moscou et revient eu saccageant de nouveau la Georgie.

Ce fut au retour de cette belle expédition, dont il rapportait un immense butin, mais qui lui avait fait éprouver des pertes considérables en hommes et en chevaux, qu'il résolut la conquête de l'Inde. Il ne parvint à entraîner avec lui, dans ce pays, ses émirs récalcitrants qu'en leur rappelant que le Coran ordonnait de combattre les infidèles (2). Il partit à la tête de 92000 hommes de cavalerie et arriva, en avril 1398, au pied de la chaîne de l'Hindou-Khouch dont il traversa les neiges et les précipices au milieu d'immenses dangers, qui eussent arrêté un homme moins intrépide et surtout d'un caractère moins inflexible. Le 11 octobre 1398 il passa l'Indus, et le 13 janvier 1379 battit, dans les plaines de Fyrouz-Abad auprès de Dehli, le sultan Mahmoud-Nassir-ed-Dyn qui régnait sur l'Hindoustan. Ce fut la première fois que les troupes de Tamerlan eurent à combattre des éléphants, et il fallut toute son habileté pour les aguerrir contre ces animaux qui étaient au nombre de 120 dans l'armée indienne (3). Après la bataille, Tamerlan s'empara de Dehli dont il fit massacrer presque tous les habitants : déjà, avant l'action, il avait fait massacrer 100000 prisonniers qui gênaient ses opérations. Il soumit encore quelques princes indiens dont les pos-

---

(1) Déjà précédemment, dans une forteresse qui ne renfermait que des rebelles, il avait fait entasser les prisonniers, tout vivants, les uns sur les autres, avec des briques et du mortier : les corps de ces malheureux avaient ainsi servi à bâtir plusieurs tours. LANGLÈS, *Vie de Timour*, en tête de sa traduction des *Instituts politiques et militaires de Tamerlan*, Paris, 1787, in-8°.

(2) *Dictionnaire de la conversation et de la lecture*, 1839, tome L, page 356, article de M. H. Audiffret.

(3) ARMANDI, *Histoire militaire des éléphants*, 1843, page 446.

sessions étaient situées sur les bords du Gange, et revint faire une entrée triomphale à Samarkand, où il décréta la construction d'une grande mosquée pour remercier le ciel de lui avoir permis d'exterminer les adorateurs du feu, et d'obtenir ainsi *les mérites de la guerre sainte.*

Après quelques mois de repos, il ordonna une expédition de sept années dans l'Asie occidentale : malgré ses soixante-trois ans et de nombreuses campagnes, il était encore vigoureux et intrépide. Il envahit la Georgie, la mit pour la troisième fois à feu et à sang pour en extirper le Christianisme, et commença sa lutte contre Bajazet Ier, sultan des Ottomans. Le 22 août 1400 il défit en bataille rangée le fils de Bajazet, s'empara de Siwas, dont il fit enterrer vifs les 4000 défenseurs, d'Alep, devant laquelle il éleva de gigantesques pyramides de têtes d'hommes, et de Damas où il n'entra qu'en violant sa parole : il emporta ensuite Bagdad d'assaut, détruisit, en pieux sectateur d'*Ali*, cette ville de fond en comble, et en fit impitoyablement égorger les habitants, Un an après (28 juillet 1401), il se mesura, pendant trois jours et deux nuits, dans les plaines d'Ancyre contre Bajazet en personne qui venait bravement à la tête de 400000 hommes en attaquer 800000 enthousiasmés de leurs victoires : mais le sultan des Ottomans ne fut pas heureux ; vaincu et fait prisonnier il alla mourir en Pisidie.

Aussitôt la victoire d'Ancyre qui sauva l'Europe des entreprises de Bajazet; Tamerlan s'empara de Smyrne, malgré l'énergique défense des chevaliers de Saint-Jean de Jérusalem, et devint maître de toute l'Asie mineure. Les mamlouks d'Égypte se soumirent volontairement à lui : il fit rebâtir Bagdad, puis rentra en Georgie pour se baigner dans le sang et détruire sept cents villages.

Rentré à Samarkand, il l'embellit des plus beaux monuments, y déploya un luxe inouï pour célébrer les noces de six de ses petits-fils, et, après deux mois de repos, fit d'immenses préparatifs pour son expédition de Chine : mais il mourut, dès le début de cette expédition, à Otrar, le 18 février 1405.

Tamerlan posséda toute la portion de l'Asie comprise du Volga au golfe Persique et du Gange à Damas : l'Orient et l'Occident ont retenti de sa gloire ; il fut l'un des plus puissants potentats du monde, grâce au succès de ses armes. Mais ses conquêtes n'eurent point de durée, partagées surtout entre ses nombreux enfants (1), dont aucun n'avait assez de génie pour le remplacer.

Au point de vue militaire Tamerlan n'est pas sans mérite : bien supérieur à Gengis-Khan, il avait introduit une bonne discipline dans ses troupes et avait perfectionné la tactique de ses armées : sa nombreuse cavalerie était habituée à des évolutions rapides : il connaissait l'usage des réserves, et employa, après sa conquête de l'Inde, les éléphants plutôt comme trophée que comme instruments, parce qu'il avait reconnu que ces masses vivantes nuisaient autant à l'armée qui les possédait qu'aux ennemis.

Il était personnellement doué d'un grand courage dont il fit surtout preuve dans les luttes qui signalèrent les débuts de sa carrière comme le témoignent deux blessures reçues alors et qui l'avaient rendu boiteux et manchot. Ses peuples avaient foi en ce courage comme en sa réputation de sainteté, et, en rapportant que tombé dans une embuscade, il battit 4000 hommes avec 200 cavaliers, un de ses historiens, son contemporain, s'écrie : « Il se comporta avec tant de bravoure qu'il n'y a que le secours du ciel qui puisse en faire paraître de semblable en aucun homme (2). »

Comme homme de guerre, Tamerlan est au-dessous d'Alexandre-le-Grand qui subjugua les mêmes contrées : toutes ses expéditions ne sont en effet que des invasions. Mais il est sans rivaux pour ses cruautés, et l'on ne peut songer sans frémir à ses massacres de populations entières dans les villes prises d'assaut, à ses immenses boucheries de prisonniers, aux Guèbres écorchés vifs, et à ses colossales pyramides de têtes d'hommes !

---

(1) Il laissa trente-six fils, petits-fils ou arrière petits-fils ; et dix-sept filles, petites-filles ou arrières petites-filles.

(2) CHERIF-EDDIN-ALI, *Histoire de Tamerlan*, traduite par Petis de la Croix, tome I, page 267. L'original de cet ouvrage fut achevé en 1424, et dédié à Ibrahim, petit-fils de Tamerlan, et souverain du Farsistan.

CHAPITRE VII.

—

GUSTAVE-ADOLPHE.

(1594-1632.)

Gustave-Adolphe monta sur le trône à seize ans, et, malgré son jeune âge, fut déclaré majeur par les Etats. Il commença par acheter la paix du roi de Norwège Christian IV, et dirigea ses forces contre la Russie : cette guerre réussit et procura à la Suède des agrandissements à l'ouest. Vint ensuite la guerre contre le roi de Pologne Sigismond, qui haïssait Gustave-Adolphe comme il avait haï son père Charles IX, et qui refusa constamment la paix, quoique son adversaire se fut emparé de la Livonie et de la Pologne prussienne. Cette lutte dura huit ans et servit à former les troupes suédoises avec lesquelles Gustave-Adolphe s'immortalisa en Allemagne.

Ce fut comme protecteur de la ligue formée contre l'Empereur par les Etats protestants de l'Allemagne que Gustave-Adolphe s'immisça dans les affaires de ce pays. Stralsund ayant été assiégée par le duc de Friedland (Wallenstein), et Christian IV, roi de Danemarck et de Norwège, étant trop épuisé par les luttes précédentes pour la ravitailler plus longtemps, elle se jeta dans les bras du roi de Suède, « le dernier espoir des libertés germaniques, » et le généralisisme de l'Empereur, après y avoir perdu 12,000 hommes, fut obligé de lever le siége.

L'*Édit de restitution* de 1629 acheva d'indisposer toute l'Allemagne protestante contre l'empereur Ferdinand, pendant que Richelieu poussait Gustave-Adolphe à attaquer l'Empire qu'il privait de son principal appui en faisant destituer Wallenstein par l'entremise du rusé P. Joseph. Le comte de Tilly fut alors déclaré généralisime de l'armée impériale et de celle de la ligue catholique.

Gustave-Adolphe débarqua le 24 juin sur les côtes de Poméranie, et prit bientôt possession de Stettin. Il s'avança alors dans la Poméranie, et, favorisé par les habitants indignés de la conduite que les troupes impériales avaient tenue à leur égard, il y fit de rapides progrès. Continuant la campagne en hiver, il s'empara de toutes les places de la Poméranie, et des places de Ribnitz et de Damgard qui lui ouvrirent l'entrée du duché de Mecklembourg : il poursuivit ensuite les impériaux dans le Brandebourg, mais, l'électeur lui ayant refusé le passage par la place de Kustrin, il rentra en Poméranie pour en achever la conquête. Ce fut alors que Tilly vint mettre le siège devant Magdebourg.

Le 13 janvier 1631 la France signa un traité d'alliance avec Gustave-Adolphe, et, le 6 février suivant, les princes protestants allemands, réunis à Leipzig, prirent le parti de demander collectivement à Ferdinand de révoquer l'*Édit de restitution.*

Tilly continuait pendant ce temps le siège de Magdebourg : la ville se défendait avec opiniâtreté : Gustave-Adolphe lui envoya un officier expérimenté, Thierry de Falkenberg, puis voulut marcher à son secours, mais il ne put traverser la Saxe qui gardait la neutralité. Tilly s'empara de Magdebourg, la livra au pillage le plus affreux, puis la brûla, n'y laissant au milieu des cendres, que deux églises et quelques cabanes. Cet acte de barbarie fit frémir de joie le parti catholique, et navra de douleur Gustave-Adolphe et tout le parti protestant.

« L'arrogance et le despotisme de l'Empereur poussèrent enfin la plupart des membres de la diète à se déclarer en faveur de Gustave-Adolphe ; et la ruine d'une ville de l'Empire, d'abord si funeste au parti protestant, finit par lui être favorable. A la terreur causée par cet événement succéda bientôt une juste indignation : le désespoir donna du courage aux plus timides, de la force aux plus faibles, et du sein des ruines de Magdebourg les libertés germaniques se relevèrent triomphantes » (1).

Après avoir forcé l'électeur de Brandebourg à faire alliance avec lui, le roi de Suède marcha vers Pappenheim et campa à Werben près du confluent de l'Elbe avec la Havel. Tilly marcha au secours de Pappenheim, et chercha à combattre les Suédois, mais le roi refusa la bataille. Pendant ce temps le général suédois Tott achevait la conquête du Mecklembourg.

Le landgrave de Hesse-Cassel, puis l'électeur de Saxe se jetèrent alors dans les bras de Gustave-Adolphe.

Tilly s'empara de Leipzig, et, le 7 septembre 1631, fut vaincu près de cette ville par les armées réunies des Suédois et des Saxons.

Dans cette bataille « les dispositions du roi méritent d'être examinées avec attention. Jamais avant lui on n'avait fait mouvoir les troupes avec autant de promptitude et d'habileté sur le champ de bataille, jamais on n'avait fait un emploi aussi judicieux de l'artillerie, et nous croyons que les écrivains militaires n'ont pas rendu à ces dispositions la justice qui leur est due. Le roi de Suède veut porter les coups décisifs sur l'aile gauche ennemie ; dans ce but, il se place lui-même à son extrême droite ; son centre est défendu par une batterie nombreuse, les autres pièces sont en réserve, ou distribuées par régiment : lorsque toute sa gauche est enfoncée, il

---

(1) SCHILLER, *Guerre de trente ans*, traduite par madame la baronne de Carlowitz, page 183.

présente à l'instant de nouvelles troupes à son ennemi pour dégarnir son front ; le moment suprême est-il arrivé ? toute l'artillerie légère est réunie avec promptitude en une seule batterie sur le point décisif ; enfin, le roi, en poursuivant toujours ses succès sur sa droite, pendant que le centre combat, se trouve par le fait avoir le premier mis en pratique l'ordre oblique rendu si célèbre par le grand Frédéric (1). »

Sept mille Impériaux périrent à Leipzig : le nombre des blessés et des prisonniers monta à plus de 5,000 ; toute l'artillerie, les caissons, les bagages, les munitions, et plus de cent drapeaux ou étendards, tombèrent au pouvoir du vainqueur qui ne perdit que 2700 hommes. Tilly se sauva avec 600 hommes et Pappenheim avec 1,400. Les Saxons avaient agi mollement et tout le mérite du gain de la victoire appartenait aux Suédois, aux mains desquels Mersebourg et Halle ne tardèrent pas à tomber.

« La bataille de Leipzig, si glorieuse pour Gustave-Adolphe, amena, a écrit *Schiller*, de grands changements dans la conduite de ce monarque et dans l'opinion que l'Allemagne s'était formé sur son compte. Il venait de se mesurer avec le plus grand capitaine de l'époque ; ses théories militaires et le courage de ses soldats s'étaient trouvés aux prises avec la tactique d'un guerrier mûri par l'expérience, et avec la valeur éprouvée de l'élite des troupes impériales ; et il était sorti victorieux de cette lutte. Aussi, dès ce moment, le vit-on montrer plus de confiance en lui-même ; ses opérations militaires avaient une allure plus franche et plus hardie ; et, dans les situations les plus critiques, il conserva cette noble assurance qui inspire toujours de grandes actions (2). »

Reconnaissant que pour se rendre maître de la situation, il fallait avant tout conquérir le centre de l'Allemagne, Gustave-Adolphe renonça au plan de marcher sur Vienne, et pénétra en Franconie.

---

(1) *Études sur le passé et l'avenir de l'artillerie*, par le prince Napoléon-Louis Bonaparte. Paris, 1846, tome I, page 330.
(2) *Guerre de trente ans*, traduction de Carlowitz, page 204.

En peu de temps il affranchit le Palatinat, envahit les archevêchés de Mayence, Wurtzbourg et Bamberg, s'étend en vainqueur sur les deux rives du Lech (1) et du Danube, et entre à Munich pendant que ses alliés chassent les Impériaux du Mecklembourg et de la Bohême. A ces revers se joint bientôt une invasion de la Hongrie par les Turcs : et la position de l'Empereur redevient si critique qu'il supplie Wallenstein de redevenir son généralisime : ce dernier finit par accepter sous la condition expresse que son pouvoir serait *illimité,* et qu'on lui concéderait, outre le Mecklembourg, un des Etats héréditaires de l'Autriche.

Wallenstein, après avoir réorganisé l'armée impériale, soumit la Bohême, opéra sa jonction avec l'électeur de Bavière Maximilien, conserva le commandement des deux armées et se dirigea brusquement vers le Palatinat où il assiégea les Suédois campés autour de Nuremberg. Mais la disette ne tarda pas à se faire sentir des deux côtés. Alors Gustave-Adolphe, affligé de la misère qu'il avait sous les yeux, sortit de ses retranchements et offrit la bataille. Wallenstein l'ayant refusé, le roi attaqua les retranchements des Impériaux, mais, après avoir perdu 2,000 hommes, il fut obligé de rentrer dans son camp, et, le 8 septembre 1632, il décampa laissant garnison dans Nuremberg : aussitôt Wallenstein partit en incendiant son camp et tous les villages voisins.

Le généralisime abandonna alors l'électeur de Bavière et se dirigea seul sur la Saxe pour empêcher les Saxons de conquérir la Silésie. Il traversa dans sa route la Thuringue, le Voigtland et la Misnie qu'il mit à feu et à sang, et arriva à Leipzig, mais l'entrée à Erfurth du roi de Suède, qui venait secourir son allié, le fit rétrograder jusqu'à Mersebourg.

Le 6 novembre 1632 eut lieu la bataille de *Lutzen* où Wallens-

---

(1) Le passage du Lech (22 mars 1631) fut forcé, en présence de l'armée de Tilly, grâce à soixante-douze pièces braquées sur la rive opposée et qui furent pointées avec une grande habileté : le roi de Suède lui-même pointa plus de soixante coups : ce passage est un de ses plus beaux faits d'armes.

tein se mesura avec le héros du Nord. La bataille fut sanglante, Gustave-Adolphe y périt, mais, après sa mort; le duc Bernard de Weimar prit le commandement et acheva de gagner la victoire. Wallenstein abandonna toute son artillerie sur le champ de bataille et évacua immédiatement la Saxe.

Bien instruit de la science militaire, telle que l'avait successivement constituée l'expérience des anciens et des modernes, Gustave-Adolphe la perfectionna encore et ce fut aux améliorations qu'il y introduisit qu'il dut ses succès.

Il réduisit à six rangs la profondeur de son infanterie, et la divisa, pour la rendre plus mobile, en petits bataillons indépendants tous commandés par un chef particulier. Cette réduction de profondeur diminuait les ravages causés par les boulets, et, alongeant son front, donnait à ses feux un plus grand développement et lui permettait de ranger en ordre de bataille ses troupes sur deux lignes avec réserves : trois avantages qu'il avait sur les troupes impériales rangées suivant l'ordre profond, en gros bataillons et en gros escadrons.

Il divisa sa cavalerie, toujours composée de cavalerie légère et rangée sur trois ou quatre rangs, en petits escadrons, et lui ordonna de ne faire feu qu'à bout portant et de charger à l'arme blanche. Cette tactique frappait d'étonnement les Impériaux qui, malgré toute l'autorité de Wallenstein, eurent de la peine à s'y familiariser. « Tous les succès du roi, dit un auteur allemand (1), furent préparés par la cavalerie, ce qui doit étonner quand on songe à l'état ou elle se trouvait sous ses prédécesseurs. De l'état d'arme méprisée il l'éleva en quelques campagnes à l'état d'arme principale. Un grand nombre des exploits de Poméranie, les succès de Burgstall, Breitenfeld, et en partie ceux du Lech et de Lutzen lui appartiennent. Rien ne prouve mieux la confiance que le roi avait en elle

---

(1) *Histoire de la guerre* (en allemand), par Brandt, tome IV, xvii° siècle, Berlin, 1838, page 275.

que le fait qu'il aimait surtout combattre à sa tête. Gustave-Adolphe était un général de cavalerie du premier mérite. »

Il mélangea souvent l'infanterie et la cavalerie, employa peu les tirailleurs, réduisit l'armure à la cuirasse et au casque, donna à ses soldats des vêtements chauds, et distingua ses régiments par la couleur de leurs casaques.

Il perfectionna et allégea le mousquet, adopta la giberne pour mettre les cartouches, et, par des exercices bien entendus et souvent répétés, parvint à obtenir un feu d'infanterie notablement amélioré et bien supérieur à celui des armées impériales.

Il allégea son artillerie et accéléra la rapidité de son tir. Il la plaçait par sections devant son infanterie et attachait des pièces à chaque régiment. Il eut toujours un nombre de pièces plus grand que celui indiqué par les proportions jusqu'alors admises, de même que dans son infanterie il multiplia les mousquetaires.

Sa discipline était sévère et il donnait lui-même l'exemple en partageant les fatigues et les privations du soldat.

Il faisait usage de fortifications passagères pour couvrir ses communications et fortifier ses camps: les retranchements dont il s'entourait, entr'autres ceux de Werben et de Nuremberg, s'élevaient à la hâte, car ses troupes étaient habituées à ce genre de travail comme à tous les autres: de nos jours ces camps retranchés pourraient encore servir de modèles.

Voici quel était généralement l'ordre de bataille de Gustave-Adolphe : l'infanterie au centre, l'artillerie répartie sur toute la ligne, la cavalerie aux ailes, — le tout ordinairement sur deux lignes. C'est encore, sauf pour l'artillerie, l'ordre de bataille suivi de nos jours.

Gustave excella surtout à choisir et à conserver ses bases et ses lignes d'opérations : il en avait compris toute l'importance que nul n'avait pressentie avant lui. Cette conservation était du reste une des nécessités de la multiplication dans les armées du nombre des armes à feu, car pour ces armes il fallait d'immenses munitions et il était essentiel de pouvoir toujours arriver à leur lieu de dépôt. Gustave avait augmenté l'inconvénient en augmentant la proportion de cette arme : il dut songer au remède et c'est ce qu'il fit en posant le principe d'une base d'opérations. « Toujours ses directions furent choisies avec discernement ; ses marches rapides et bien coordonnées : toujours il sut profiter de ses succès pour se mettre à l'abri d'un revers : toujours il prépara le plus de chances en sa faveur (1). »

Tels sont les titres de Gustave-Adolphe au surnom de *Restaurateur de l'art militaire*. Les écrivains du XIXe siècle ont cherché à diminuer sa gloire, les uns au profit de capitaines français qui vivaient avant lui (2), les autres au profit de la tactique et du courage des armées impériales (3) : mais il lui en reste encore assez pour être, après Turenne, le plus grand homme de guerre du XVIIe siècle.

---

(1) Rocquancourt, *Cours d'art et d'histoire militaires*, tome I, p. 365.

(2) *Encyclopédie moderne*, article *Bataille*, par le général Lamarque ; Rocquancourt, *Cours d'art et d'histoire militaires*, tome I, pages 362, 367, 398. Voyez aussi Napoléon-Louis-Bonaparte, *Études sur le passé et l'avenir de l'artillerie*, tome I, pages 307 et 308.

(3) *Histoire de la guerre* (en allemand), par Brandt, tome IV, XVIIe siècle, 1838, page 276.

CHAPITRE VIII.

—

TURENNE.

(1611-1672.)

Turenne fut nommé maréchal de France en 1643, à trente-deux ans, pour la prise de Trino. « Il avait été quatre ans capitaine, quatre ans colonel, trois ans maréchal-de-camp, cinq ans lieutenant-général. Il avait servi sous quatre généraux : le prince d'Orange son oncle, auquel il disait *devoir ses préceptes pour bien choisir un camp et bien attaquer une place ;* le duc de Weymar : il disait de lui *qu'il faisait toute chose de rien ;* le cardinal de la Valette, de qui il avait appris *à renoncer aux fausses délicatesses de la cour et de la galanterie pour prendre le ton des camps ;* enfin le duc d'Harcourt, duquel il apprit *que la diligence et l'activité sont les plus grands moyens de réussite dans les affaires de guerre* (1). »

---

(1) *Mémoires de Napoléon* dans le tome VI de la *Bibliothèque historique et militaire,* page 798.

Arrivé, au mois de décembre 1643, à Colmar, pour prendre le commandement des troupes Weymariennes (2), Turenne s'occupa de les réorganiser, et au printemps de 1644 elles montaient à 4,000 fantassins et 5,000 cavaliers. Après avoir occupé Vieux-Brisach et Freybourg, il poursuivit le baron de Merci vers les sources du Danube et le battit, mais, revenu sur la rive gauche du Rhin, il ne put empêcher le comte de Merci de s'emparer de Freybourg. — Condé vint alors avec 10,000 hommes joindre Turenne et prendre le commandement de l'armée : il livra le 3 août la bataille de Freybourg, où les Français vainqueurs furent tellement épuisés qu'ils ne purent poursuivre les impériaux ; mais ils s'emparèrent de Philisbourg, Worms, Mayence et du Bas-Palatinat. — Après le départ de Condé, Turenne, par des manœuvres habiles, réussit à empêcher la jonction de Merci et du duc de Lorraine, et s'empara de Kreutzach : il terminait mieux la campagne qu'il ne l'avait commencée.

Dans la campagne do 1645, Turenne fut battu à Mergentheim (Marienthal), le 2 mai par Merci, mais il parvint à rallier son armée, et, huit jours après sa défaite, il se trouvait à la tête d'une armée de 15,000 hommes, lorsqu'il reçut l'ordre de ne pas agir. Condé vint le 9 juillet prendre le commandement de l'armée et livra le 4 août la bataille de Nordlingen qui fut vivement disputée.

---

(2) Ces troupes passèrent au service de France grâce à l'argent qu'avança un négociateur habile, Allemand d'origine et nommé Barthélemy Hervart. Ce fut ce même négociateur qui, lorsque Turenne se jeta, en 1648, dans le parti de la Fronde, retint cette armée dans le devoir, ce qui coûta 250,000 livres qu'il avança encore. Il était fort riche et devint plus tard contrôleur-général des finances.

Deux mémoires remis à Hervart pour le guider dans ces négociations et leurs suites, sont curieux à lire en ce qu'ils font bien voir comment on achetait alors une armée : ils sont signés du roi et contresignés Letellier ; l'un est du 9 janvier 1649 et l'autre du 28 janvier 1650. On les trouve dans le recueil de lettres intitulé : *Documents inédits concernant l'histoire de France et particulièrement l'Alsace et son gouvernement sous le règne de Louis XIV*, par M. Vanhuffel, Paris 1840, chez Charles Hingray.

« La victoire était encore aux Bavarois, lorsqu'à la nuit l'infanterie qui occupait le village d'Allerheim ayant eu connaissance de la mort de son général en chef, le comte de Merci, se croyant cernée par Turenne, et ignorant la position qu'avait repris Jean-de-Vert, eut la simplicité de capituler. Cette résolution inattendue donna la victoire aux Français. Le vaincu se trouva vainqueur (1). » Après la bataille, Nordlingen capitula, mais l'armée française était épuisée, et Nordlingen, et les autres places dont elle s'était emparées, furent reprises par les Impériaux, malgré les efforts de Turenne.

En 1646 Turenne fit, pour rejoindre l'armée Suédoise, une marche célèbre. Parti de Mayence, il descendit le long de la rive gauche le Rhin, qu'il traversa à Wesel ; puis il remonta ce fleuve sur la rive droite jusqu'à la Lahn : la jonction s'opéra à Giessen sur cette rivière. Aidé des Suédois il s'empara de Rain, mais pendant ce temps 1,500 hommes entrèrent dans Augsbourg, ce qui fit renoncer Turenne à l'assiéger : il se porta sur le Danube, et, se saisissant des magasins de l'archiduc, le força à évacuer son camp de Memingen.

La campagne de 1647 fut employée par Turenne à apaiser la révolte des troupes Weymariennes auxquelles il était dû six mois de solde : en septembre cependant, une fois la révolte comprimée, il dut se porter dans le Luxembourg, où il reçut l'ordre de s'arrêter.

En 1648 Turenne envahit la Bavière qu'il ravagea cruellement, après avoir gagné (16 mai) le combat de Zusmershausen. Le 24 octobre, le *traité de Westphalie* fut signé à Munster.

En 1649, 1650 et 1651, eurent lieu les guerres civiles de la Fronde, pendant lesquelles Turenne combattit contre la cour, même à la tête d'une armée espagnole. Cette conduite, due surtout à son amour pour la charmante duchesse de Longueville, est une tache à sa mémoire. Pendant la campagne de 1652 la guerre civile dura

---

(1) *Mémoires de Napoléon*, dans le tome VI de la *Bibliothèque historique et militaire*, page 802.

encore, mais Turenne avait changé de camp : il commandait alors les troupes du Roi contre le prince de Condé, qu'il battit au combat de Bleneau (7 avril) et à la bataille du faubourg Saint-Antoine (3 juillet).

La campagne de 1653 se passa en manœuvres. L'armée espagnole était alors commandée par l'archiduc qui avait plus d'intérêt que Condé à la ménager. Inférieur en forces, Turenne cotoya l'armée espagnole, fut surpris à Mont-Saint-Quentin, mais échappa à l'ennemi, et trouva à une demi-lieue une excellente position où il s'entoura de retranchements, ce qui lui arrivait fréquemment.

En 1654 Turenne prit Stenai et s'approcha des lignes des Espagnols qui assiégeaient Arras : ces lignes étaient fortes, et, malgré le désir de la cour de dégager Arras, Turenne hésitait à les attaquer : cependant il voulut les reconnaître. A cet effet, le 19 août, il les cotoya à portée de mitraille ; « elles tirèrent, lui tuèrent quelques hommes, ce qui excita des observations de la part des personnes qui l'accompagnaient, à quoi il répondit : *Cette marche serait imprudente, il est vrai, si elle était faite devant le quartier de Condé ; mais j'ai intérêt à bien reconnaître la position, et je connais assez le service espagnol pour savoir qu'avant que l'archiduc en soit instruit, qu'il en ait fait prévenir le prince de Condé, et ait tenu son conseil, je serai rentré dans mon camp. Voilà qui tient à la partie divine de l'art* (1). » — Après sa réunion avec les maréchaux de la Ferté et d'Hocquincourt, voyant son armée plus forte, Turenne attaqua les lignes espagnoles sur trois points différents et réussit à les percer. Ce beau fait d'armes lui fit grand honneur.

Dans la campagne de 1655 Turenne passa l'Escaut à Bouchain et le repassa à Neuville : delà il marcha sur l'armée espagnole, postée auprès de Valenciennes, et la força de lever son camp. L'armée française s'empara ensuite des places de Fresnes et de Saint-Guislain.

---

(1) *Mémoires de Napoléon,* dans la *Bibliothèque historique et militaire,* tome VI, page 824.

En 1656 don Juan d'Autriche prit le commandement de l'armée
espagnole , et enleva les lignes de circonvallation du maréchal de la
Ferté devant Valenciennes, dont il fit ainsi lever le siége. Turenne
se retira ensuite sur le Quesnoy, mais il ne put empêcher les Espagnols de prendre Condé. Il passa alors l'Escaut, et, suivi par
l'ennemi, se porta sur Arras et en imposa tellement par sa bonne
contenance que ses adversaires se retirèrent sur Lens. L'armée
française prit alors la Capelle et fit lever le siége de Saint-Guislain
que les Espagnols avaient entrepris.

Ce fut après cette campagne, pendant laquelle il avait rétabli les
affaires du Roi, que Turenne fut nommé colonel-général de la cavalerie.

En 1657 Turenne investit Cambrai, mais Condé lui en fit bientôt
lever le siége. Il se porta alors sur Saint-Venant qui capitula après
vingt-et-un jours de siége. Le maréchal de la Ferté venait de prendre Montmédy, mais les Espagnols assiégeaient Ardres. Turenne
marcha au secours de cette ville, en fit lever le siége et alla assiéger
Mardick dont il se rendit promptement maître. La campagne de 1657
fut donc une campagne de siéges : c'était le système de guerre pré-
dominant à cette époque : il était d'ailleurs tout dans les goûts de
Louis XIV qui savait qu'avec le génie de *Vauban,* il y réussirait
mieux que ses ennemis.

La campagne de 1658 est célèbre par la bataille des Dunes que
Turenne, qui assiégeait Dunkerque avec l'appui des Anglais, gagna
le 14 juin sur l'armée espagnole, commandée par don Juan d'Autriche et Condé. — Cette victoire, malgré la supériorité qu'il avait
sur l'armée ennemie en effectif, artillerie et navires, est l'action la
plus brillante de Turenne : » Ses résultats furent immenses et son
souvenir est resté vivant dans le pays, où quelques vieillards ins-
truits par la tradition, montraient naguères encore, comme s'ils y
avaient assisté, le champ de bataille. L'ordre de bataille adopté par
Turenne fut l'ordre parallèle ; sa droite s'appuyait au canal de Furnes, sa gauche à la mer où elle se trouvait soutenue par la flotte
anglaise : l'armée espagnole au contraire appuyait sa gauche au canal de Furnes et sa droite à la mer qui était haute lorsqu'elle prit

position. Turenne avança lentement pour donner à la mer le temps
de baisser, et, lorsque la portion de plage découverte fut assez
large pour permettre à deux ou trois escadrons de passer de front
entre la mer et la gauche française, Castelnau, à la tête de la cavalerie jusqu'alors masquée par cette gauche, déborda la ligne française, tourna la droite espagnole et la mit en déroute. Ce mouvement, fondé sur une observation physique bien simple (1), décida
de la victoire. -- Le gain de la bataille des Dunes fit tomber
successivement entre les mains des Français , Dunkerque ,
Furnes, Dixmude, Gravelines, Oudenarde, Ypres et d'autres petites
places, ainsi que tout le pays entre la Lys et l'Escaut : l'armée rentra alors en France où elle prit ses quartiers d'hiver.

De même qu'on a reproché à Hannibal de n'avoir pas marché sur
Rome après la bataille de Cannes, et à Gustave-Adolphe de ne pas
s'être immédiatement porté sur Vienne après la victoire de Leipzig,
on a blâmé Turenne de ne pas avoir terminé la campagne de 1658
par la prise de Bruxelles. Voici ce blâme tel que l'exprime *Napoléon*
dans ses *Mémoires* (2). « Après la prise de Dunkerque et une victoire aussi éclatante que celle des Dunes, la jonction du maréchal
la Ferté, qui venait de prendre Montmédy, enfin l'avantage inap-
préciable d'être maître de la mer, Turenne pouvait faire plus qu'il
n'a fait ; il devait frapper un grand coup, prendre Bruxelles, ce qui
eût donné une toute autre illustration aux armes françaises et ac-
céléré la conclusion de la paix ; un événement de cette importance
eût fait tomber toutes les petites places. Il a violé cette règle qui
dit : *Profitez des faveurs de la fortune, lorsque ses caprices sont*

---

(1) Carion-Nisas qui fait cette remarque, rappelle que ce fut grâce à
une semblable observation que Scipion s'empara de Carthagène. Voyez
Histoire de l'Art militaire, tome II, pahe 133. Si l'on veut remonter encore plus haut dans l'histoire, on trouvera dans le *passage de la mer
Rouge,* pas Moïse, une troisième application de l'observation du phéno-
mène du flux et du reflux.

(2) *Précis des guerres du maréchal de Turenne,* chapitre XIII, 23ᵉ observation, dans le tome 6 de la *Bibliothèque historique et militaire.* p. 837.

pour vous; craignez qu'elle ne change de dépit, elle est femme. »

Quoiqu'il en soit, une trève suivit cette utile campagne, et le 7 novembre 1659 la *paix des Pyrénées* fut signée : elle cédait à la France le Roussillon et l'Artois.

Le siége de Lille, qui se rendit après dix jours de tranchée ouverte, fut le fait principal de la campagne de 1667 où le Roi commanda en personne et qui se termina par la paix d'Aix-la-Chapelle.

En avril 1672, Louis XIV se trouvait, à Charleroi, à la tête de cent-dix mille hommes divisés en trois corps d'armée, sous les ordres de Turenne, Luxembourg et Condé; il passa le Rhin, envahit la Hollande, s'empara de presque tout le pays, sauf Amsterdam qui s'entoura d'inondations, et le 5 juillet fit son entrée solennelle dans Utrecht. Malgré ces rapides conquêtes dont s'effrayèrent les cabinets de Londres et de Vienne, la république Hollandaise refusa la paix qui lui fut offerte par la France. Le 12 juillet le Roi quitta l'armée. L'Empereur et quelques princes d'Allemagne prirent alors les armes. Pour protéger l'évêque de Munster et l'électeur de Cologne, alliés de la France, Turenne quitta la Hollande, et, par des marches rapides, remonta le Rhin et se porta sur la Lahn. Les deux armées restèrent en présence, mais on n'en vint pas aux mains. Turenne repassa le Rhin à Andernach et rançonna l'électeur de Trèves. L'ennemi passa le Rhin au-dessous de Mayence et pénétra dans le Luxembourg, mais Turenne le força à repasser le Rhin. Comme on le voit, la campagne de 1672 se termina par une série de marches et de contremarches qui ruinèrent les pays sur lesquels elles eurent lieu.

Le 5 février 1673, Turenne prit Unna, le 25 il fit lever le siége de Soest, et, après quelques siéges et quelques marches, il revint cantonner en Westphalie où ses troupes ravagèrent les pays appartenant au Grand-Électeur qui demanda la paix.

Pendant que Louis XIV prenait Maëstricht à l'aide de Vauban, l'Angleterre, l'Espagne et l'Empereur se liguaient avec la Hollande, et Montecuculli entrait en Franconie à la tête d'une armée qui monta bientôt à 40,000 hommes. Turenne marcha vers lui et les deux armées restèrent pendant quinze jours en présence aux environs de

Tengelhausen. Montecuculli, ayant gagné le prince-évêque, passa le pont de Wurtzbourg et déjoua ainsi toutes les combinaisons de Turenne.

La guerre se transporta en Belgique, Montecuculli fit mine de remonter le Rhin pour envahir l'Alsace, et pendant que Turenne, trompé par cette démonstration, se dirigeait sur Philisbourg, il descendit le Rhin jusqu'à Cologne où il opéra sa jonction avec le prince d'Orange. Turenne revint sur ses pas, mais il était trop tard : Bonn venait de capituler. Les deux armées entrèrent en quartiers d'hiver.

Dans cette campagne, Turenne se laissa jouer deux fois par son adversaire, et ces fautes portent ombre sur l'éclat de sa gloire : mais quel est l'homme qui n'a pas commis de fautes !

La campagne de 1674 s'ouvrit par la bataille de Sintzheim (petite ville à l'est de Philipsbourg), que Turenne gagna sur Caprara le 16 juin, et où il combattit suivant l'ordre oblique. Vint ensuite l'incendie du Palatinat ordonné par Louis XIV. Après l'exécution de cet ordre barbare, Turenne revint à Landau. Le 24 septembre, grâce à des intelligences avec les bourgeois de la ville, l'armée impériale, commandée par le duc de Bournonville, s'empara de Strasbourg. Turenne vint alors sous les murs de la capitale de l'Alsace, et résolut de livrer bataille avant l'arrivée du Grand-Électeur. L'affaire s'engagea le 4 octobre, près du village d'Entzheim, et fut chaudement disputée, mais Turenne finit par l'emporter, et les Français furent vainqueurs.

Le Grand-Électeur ayant rejoint le duc de Bournonville, l'armée impériale monta à 50,000 hommes et Turenne fut obligé de battre en retraite, mais il reçut bientôt des renforts. Le 29 novembre il évacua complètement l'Alsace, passa en Lorraine, et fit une marche secrète par Belfort, Grun et Mulhausen, où il rencontra une division de Bournonville qu'il culbuta sur Bâle. Puis il marcha sur Colmar où se trouvait le Grand-Électeur, le battit au combat de Turckeim (5 janvier 1675) et le força à repasser le Rhin. Les Français, redevenus maîtres de l'Alsace, y prirent leurs quartiers d'hiver.

Cette campagne, surtout vers la fin, est une des plus belles de

Turenne : il y fait des manœuvres habiles et gagne deux combats et une bataille. Son plan pour reprendre l'Alsace est parfaitement conçu : on lui a reproché de la lenteur dans l'exécution ; mais en somme il a réussi, et un peu plus de rapidité n'aurait peut-être pas amené de grands résultats, car on était en janvier et il fallait terminer la campagne.

Dans la campagne de 1675 Turenne eut un adversaire digne de lui : l'armée impériale fut commandée par Montecuculli. Tout se passa en marches et en contre-marches sur les rives du Rhin, les deux adversaires s'observant et déjouant mutuellement leurs plans. Montecuculli voulait s'emparer de Strasbourg où il avait des intelligences et de là pénétrer en Alsace : Turenne voulait l'en empêcher : c'était là le nœud de la campagne. Enfin Montecuculli descendit le Rhin : Turenne le suivit, mais, le camp qu'il avait choisi étant malsain, il décampa, et, passant la Ranchen, força Montecuculli à lever son camp. Les deux rivaux furent bientôt campés aux environs de Sasbach, et ils allaient probablement en venir à une affaire décisive, car Montecuculli acculé devait ou accepter la bataille ou se jeter dans la forêt Noire, lorsque le 26 juillet Turenne fut tué par un boulet.

Telle est la fameuse campagne qui termina la carrière de Turenne : c'est sa plus savante et celle qui forme son plus beau titre de gloire, car il s'y montra *incomparablement supérieur à Montecuculli*.

Elève de son oncle Maurice de Nassau, Turenne fut le plus grand capitaine de son siècle : il perfectionna l'art de la grande guerre, tel que Gustave-Adolphe l'avait le premier compris et pratiqué parmi les modernes : froid, plein de méthode, habitué à la réflexion, il ne considéra pas la guerre comme une série de combats et de siéges, mais, persuadé de l'utilité des marches et manœuvres exécutées dans une attitude expectante, fit quelquefois des campagnes entières sans livrer aucun engagement. A quoi bon, disait-il, livrer bataille, si la victoire elle-même doit produire peu de résultats ? Aussi excellait-il dans la guerre défensive, et était-il l'homme le plus propre à sauver la France épuisée par les guerres de la succession d'Espagne. Heureusement, à défaut de Turenne, ce fut Villars qui combattit à Denain.

« Turenne, a dit Napoléon, est le seul général dont l'audace se soit accrue avec les années et l'expérience. »

Un officier français, qui fut présent à la campagne de 1675 contre Monteculli, trace ainsi le portrait de Turenne. « Grand capitaine, grand politique, et presque sans égal par cette élévation d'âme qui le mettait si fort au-dessus de l'intérêt, et ne lui laissait de passion que pour la véritable gloire. Peu de généraux ont eu des vues plus étendues que lui dans l'art de la guerre, et peu de grands hommes ont eu des qualités si différentes, et qui paraissaient presque contraires : ne précipitant jamais rien, et attendant patiemment le temps d'agir, quand la disposition des choses où la précaution des ennemis lui en ôtaient les moyens ; prompt à saisir l'occasion que la fortune lui offrait ou que son habileté lui ménageait ; voyant d'abord et d'un coup d'œil tout ce qu'il fallait voir ; étendant ses précautions jusqu'aux moindres choses, et travaillant sans cesse à se rendre maître des succès par une conduite bien réfléchie : quelquefois paraissant donner tout à la valeur, et s'abandonner en apparence tout entier à la fortune, quoique ses actions fûssent toujours fondées sur des mesures et des sûretés que lui seul connaissait, et que tout le monde étonné admirait après le succès (1). »

Ajoutons que Turenne était adoré de ses troupes qui l'appelaient leur *père* (2) : nul général en effet ne sut mieux ménager la vie des hommes, et c'est surtout sous ce rapport que ses campagnes méritent d'être méditées par nos généraux.

---

(1) Deschamps, *Dernière campagne de Turenne*, dans la *Biblothèque historique et militaire*, tome IV, page 588.

(2) En 1674, la dyssenterie faisant des ravages dans son armée, Turenne visita ses soldats avec tant de sollicitude et pourvut si libéralement à leurs besoins, qu'ils disaient tous : « notre père se porte bien, nous n'avons rien à craindre. » En 1675, après sa mort, plusieurs disaient encore : « si notre père n'était pas mort, nous ne serions pas blessés. »

(Ramsay, *Histoire de Turenne*, 1735, tome 1, pages 546 et suivantes.)

Turenne fut presque toujours à la tête d'armées peu nombreuses, ce qui rehausse encore son génie puisqu'il sut « faire beaucoup avec peu » : il n'admettait pas d'ailleurs les avantages des grandes armées : toute armée, disait-il, qui dépasse 50,000 hommes, devient incommode au général qui la commande et aux troupes qui la composent (1).

Son ordre de bataille fut presque constamment l'ordre oblique avec débordement d'une aile. Il tira surtout très-bon parti de l'infanterie, son arme de prédilection, dont il fit ressortir l'utilité de tous les instants.

Les savants éditeurs de la *Bibliothèque historique et militaire* ont écrit : « Il y a quarante années Turenne était considéré comme le plus grand capitaine des temps anciens et modernes : Napoléon n'avait pas encore paru (2). » C'est le plus bel éloge qu'on puisse faire et de Turenne et de Napoléon (3) !

---

(1) Le duc de Rohan avait déjà dit : « quand une armée passe un certain nombre d'hommes, le surplus ne sert qu'à la faire mourir de faim. » (*Parfait capitaine,* discipline militaire des Romains, chap. x.)

(2) Tome IV, page 379.

(3) Un petit-neveu de Turenne a mérité, par une carrière remplie d'exploits, de désintéressement et de vertus, les applaudissements de la France entière. Nous voulons parler de Théophile-Malo de la Tour d'Auvergne (CORRET), nommé par Bonaparte *premier grenadier des armées de la République.* Ce héros était aussi instruit que brave : il savait toutes les langues de l'Europe, et publia ses *Origines gauloises* en 1797.

Voyez son *Histoire* publiée par A. Buhot de Kersers, Paris, in-12, chez Paulin, sans date.

CHAPITRE IX.

—

FRÉDÉRIC II.

(1712-1786.)

Frédéric II, avec son costume traditionnel, était il y a soixante ans, un type tout aussi populaire que l'est de nos jours celui de Napoléon sous le costume du *petit caporal.*

Frédéric II est le plus grand capitaine du XVIIIe siècle.

Instruit, actif, intelligent, méthodique, infatigable au travail, sachant à merveille employer son temps (1), Frédéric aurait réussi dans

---

(1) « Frappé de l'importance des travaux qui l'attendaient, il régla et arréta sans délai l'emploi de chacune de ses heures. Il s'était heureusement convaincu de la nécessité de ne jamais remettre les affaires d'un jour à un autre ; de même qu'il s'était assuré que l'ordre était le seul moyen de suffire à des devoirs immenses et sans cesse renaissants. Jugeant indispensable de se lever plus matin qu'il ne l'avait fait jusqu'alors, il prescrivit à ses domestiques d'entrer chez lui à quatre heures précises : mais il était naturellement dormeur, et ce n'avait pas été sans peine qu'il avait pris à Rheinsberg l'habitude de se lever entre cinq et

toutes les positions où la nature pouvait le faire naître, mais, avec le pouvoir royal en main, il devait nécessairement faire de grandes choses.

Aussitôt son avénement, Frédéric fit valoir d'anciennes prétentions sur la Silésie, et envahit cette province (23 décembre 1740) : c'était pour la monarchie prussienne une *guerre de convenance.* Il s'empara de Breslau et de presque toutes les autres places occupées par les Autrichiens qui se retirèrent en Moravie.

En 1741, le 9 mars, le roi s'empara par surprise de Glogau, et battit, le 10 avril, les Autrichiens à Molwitz ; la victoire fut due à la fermeté de l'infanterie. En parlant de cette première bataille qu'il livra, Frédéric dit : « Molwitz fut l'école du roi et de ses troupes (1). »

En 1742 le traité de Breslau, conséquence de la victoire de Chotusitz, dite aussi de Czaslau (17 mai), céda la Silésie à la Prusse.

Lorsque la guerre recommença, Frédéric, profitant de l'expérience de ses premières campagnes, la poussa avec vigueur et intelligence. Le 3 juin 1744, à Hohenfriedberg (2), il bat les Autrichiens, leur tue 4,000 hommes, et fait prisonniers 4 généraux,

---

six heures. Aussi c'était en vain que dans les premiers jours on venait le réveiller : il ne manquait pas de se rendormir pour une bonne heure. On conçoit quelle était ensuite sa colère, et combien il grondait et menaçait ses gens ; mais de quoi ceux-ci pouvaient-ils être coupables? enfin il comprit qu'il ne devait s'en prendre qu'à lui-même, et que pour se vaincre, il fallait qu'il employât un moyen violent. Il enjoignit donc, sous peine d'être soldat pour la vie, de lui jeter sur le visage, à quatre heures du matin, une serviette trempée dans de l'eau froide. Ce fut ainsi qu'il contracta l'habitude de se lever de si bonne heure, habitude qu'il a conservée jusqu'à plus de soixante ans. »

Frédéric-le-Grand, ou *Mes souvenirs de vingt ans de séjour à Berlin,* pa Dieudonné Thiébaut, 4ᵉ édition, Paris, 1826, tome I, pages 249-250

(1) *Histoire de mon temps,* chapitre 2.

(2) Ce fut à cette bataille qu'une méprise d'un aide-de-camp du roi faillit devenir funeste : au lieu de porter au margrave Charles l'ordre de se mettre à la tête de la seconde ligne, l'aide-de-camp lui dit de for-

200 officiers et 7,000 soldats. « Ce fut la troisième bataille qui se donna pour décider à qui appartiendrait la Silésie, et ce ne fut pas la dernière. Quand les souverains jouent des provinces, les hommes sont les jetons qui les paient (1). »

Dans la campagne de 1745, Frédéric livra en effet deux batailles où il fut vainqueur, Celle de Sorr, livrée le 30 septembre, malgré l'infériorité du nombre et où l'aplomb manœuvrier des troupes prussiennes permit au roi de se mettre en bataille par une conversion exécutée sous le feu de la ligne ennemie déjà déployée : et celle de Kesseldorf (15 décembre), remportée sur les Saxons, et qui fit tomber Dresde au pouvoir de Frédéric. Dix jours après (25 décembre 1745) se signait dans cette ville un traité qui, confirmant celui de Breslau, abandonnait définitivement la Silésie à la Prusse.

Je passe aux campagnes de Frédéric II pendant la guerre de sept ans.

Aidé des subsides de l'Angleterre son alliée, et à la tête d'une bonne armée de 120,000 hommes, Frédéric commençait cette guerre avec avantage car l'Autriche ne comptait guères que 40,000 hommes sous les armes, et encore étaient-ils mal organisés.

L'armée prussienne marcha (1756) en trois corps sur la Saxe et s'empara de Dresde ; Frédéric fit cerner le camp des Saxons de Pirna et alla camper à Aussig en Bohême. Le 30 septembre il quitta Aussig, et gagna le 1ᵉʳ octobre, sur le maréchal Broun, la victoire de Lowositz. Après cette victoire les Saxons, favorisés par une manœuvre de Broun, quittèrent Pirna et passèrent l'Elbe, mais bientôt, cernés de toutes parts, ils capitulèrent (14 octobre) et furent incorporés dans l'armée prussienne.

Le roi de Prusse ouvrit la campagne suivante en gagnant, sur les

---

mer la seconde ligne de la première. Heureusement Frédéric s'aperçut de ce quiproquo assez à temps pour le réparer. Voyez *Instruction militaire du roi de Prusse à ses généraux*, art, 24.

(1) *Histoire de mon temps*, chapitre 12.

Autrichiens la bataille de Prague (4 mai 1757) (1) : il mit ensuite
le blocus devant cette ville, projet vaste et hardi qui échoua par la
défaite des Prussiens à Kollin (18 juin). Après la bataille de Kollin,
la lutte ne se passa pas seulement entre la Prusse et l'Autriche, et le
théâtre de la guerre s'agrandit. Les Français gagnèrent, le 26 juillet,
sur les Anglais alliés de Frédéric, la bataille d'Hastenbeck qui leur
livra tout le Hanovre. Frédéric semblait perdu, mais les divisions de
ses ennemis le sauvèrent, et, trois mois après, il rétablissait ses affaires en gagnant sur l'armée combinée de France et d'Autriche la
bataille de Rosbach (5 novembre) où il perdit très-peu de monde.
« Dans une heure à peine, dit un écrivain français, 4000 hommes
environ de cavalerie, et 6,000 d'infanterie, battirent et dissipèrent
50,000 ennemis au moins ; leur tuèrent plus de 1200 hommes,
et leur firent 6000 prisonniers (2). » Ce résultat est un sujet d'é-
tonnement et de honte.

Le 31 août, le maréchal de Prusse Lehwald fut battu par les
Russes à Jœgendorf, et, après plusieurs opérations en Silésie, un
autre général de Frédéric, le duc de Bevern, fut défait à Breslau
(22 novembre) par le prince de Lorraine. Le résultat de cette dernière bataille fut d'affaiblir les Prussiens par de nombreuses déser-
tions. Bevern descendant l'Oder, rejoignit le 3 décembre Frédéric
qui revenait de Saxe. Le roi de Prusse ne perdit pas un instant, et
quoique ses forces ne montassent qu'à la moitié environ des forces
autrichiennes, il suivit le prince de Lorraine, l'attaqua et le vainquit
à Leuthen (5 décembre). L'armée autrichienne évacua Breslau, et
rentra en Bohême désorganisée. « La bataille de Leuthen, a dit Napoléon (3), est un chef-d'œuvre de mouvement, de manœuvres et

---

(1) J'engage le lecteur à consulter sur cette bataille un article de
M. Kaussler publié dans le *Journal de l'armée*, année 1835, pages 35, 65
et 104.

(2) D'Ecrammeville, *Essai historique et militaire sur l'art de la guerre*,
tome 3, page 159.

(3) *Mémoires,* dans le tome 6 de la *Bibliothèque histor. et milit.* page 871.
Voyez aussi sur cette bataille le *Cours de tactique* par Joly de Maize-
roy, tome I, page 317.

de résolution ; seule elle suffirait pour immortaliser Frédéric et lui donner rang parmi les plus grands généraux. Il attaque une armée plus forte que la sienne, en position et victorieuse, avec une armée composée en partie des troupes qui viennent d'être battues, et remporte une victoire complète sans l'acheter par une grande perte disproportionnée avec le résultat. »

La campagne de 1758 commença par les opérations des armées française et hanovrienne. L'inepte comte de Clermont se fit battre à Crevelt (Crefeld) le 22 juin, mais le prince de Soubise défit le 2 octobre, à Luternberg, le duc Ferdinand.

Frédéric divisa son armée en trois corps ; l'un, sous les ordres du prince Henri, resta en Saxe ; l'autre, sous les ordres du général Dohna, se forma dans la vieille Prusse ; le troisième, sous son propre commandement, entra en Moravie, et vint le 6 mai cerner Olmutz. Malheureusement son équipage de siége n'arriva que le 20, et il commit la faute de ne pas faire de ligne de circonvallation, quoiqu'il eût à contenir une armée de secours. Frédéric était « *plus que médiocre ingénieur.* » Le maréchal Daun accourut en effet pour délivrer cette place importante, parvint le 22 juin à y faire entrer 1,200 hommes, et à brûler le 30 un convoi de 4,000 charriots qui amenaient à l'armée prussienne des munitions et des vivres. Cet événements forcèrent Frédéric à lever le siége (1er juillet), à évacuer la Bohême et à rentrer en Silésie.

Le 25 août, le roi de Prusse gagna sur les Russes la bataille de Zorndorf : mais il eut tant de morts et de blessés qu'il ne voulut pas poursuivre les Russes, et qu'il rentra en Saxe. Le maréchal Daun l'y suivit. Le 9 septembre le roi arriva sous Dresde : le 26 il entra à Bautzen et campa le 1er octobre à Weissembourg : quelques jours après Daun campa auprès d'Hohenkirch. Dans la nuit du 14 au 15 octobre, Daun, par des marches secrètes et habiles, arriva sur l'armée prusienne qu'il surprit le matin toute endormie : mais après avoir été presque entièrement cerné, Frédéric parvint à se dégager en s'emparant à temps des défilés de Drésa, et en joignant par sa gauche le général Retzow ; il put alors se retirer sans être inquiété ; il avait perdu 10,000 hommes et ses adversaires 5,000.

Aprés sa défaite Frédéric, par une marche secrète, força les Autrichiens à lever le siége de Neiss, et arriva sur Dresde à temps pour sauver cette ville dont les faubourgs étaient déjà brûlés.

La campagne de 1758 fut donc malheureuse pour Frédéric, et cependant l'*Encyclopédie méthodique* (1) la juge ainsi : « Il serait difficile de trouver dans l'histoire une campagne conduite avec autant de travaux et d'adresse. Les marches du roi, de Silésie en Moravie ; de là dans la Nouvelle-Marche, par la Bohême et la Silésie, et ensuite en Saxe, de Hohenkirch à Neiss, puis à Dresde ; toutes ces marches font ensemble plus de 560 lieues. Le roi de Prusse fit ce que M. de Bellisle avait cru imposible, *la navette avec une armée.* » Mais, à cette époque, l'engouement pour Frédéric était immense, et tout, même ses fautes, s'expliquait à sa louange.

Le 13 avril 1759 le duc de Broglie défit le duc Ferdinand de Brunswick à Bergen : c'était le premier succès obtenu par les armées françaises depuis le commencement de la guerre de sept ans : Broglie fut nommé maréchal. Mais il soutint peu de temps la bonne réputation qu'on avait de lui, car sa mollesse fut cause de la perte de la bataille de Minden (1re août) qui découragea l'armée française et fit qu'elle se retira sur Cassel.

Les mois d'avril, mai, juin et juillet, se passèrent pour les Prussiens en manœuvres secondaires. Les Russes battirent le 23 juillet à Kay le général prussien Wedel, et le 13 août, à Kunersdorf, Frédéric lui-même : ces deux batailles furent sanglantes ; dans la dernière les pertes furent égales des deux côtés. Ces défaites eurent pour résultat de faire perdre au roi de Prusse les places de Leipzig, Torgau, Wittemberg et Dresde. Cette campagne fut complètement malheureuse pour lui, car le 21 novembre le général prussien Finck, entièrement cerné à Maxen par le général autrichien Sincère, capitula lorsqu'il lui restait encore 14,000 hommes et de l'artillerie ! Ce honteux fait d'armes fut très-sensible à Frédéric : jamais il n'avait éprouvé pareil échec, et d'ailleurs il en était la première cause,

---

(1) *Art militaire*, tome IV, supplément, Paris, 1797, page 671.

car, il eut beau faire juger et casser son général, il est bien averé qu'il lui ordonna de marcher sur Maxen, et cela sans but utile.

En 1760 l'armée française battit l'ennemi à Clostercamp (6 octobre) ou périt si honnorablement le *chevalier d'Assas*. — Le 23 juin Laudon cerna à Landshut le général prussien Fouquet, et le contraignit à poser les armes ; puis il assiégea Glatz qui se rendit le 25 juillet. A cette nouvelle le roi accourut en Silésie : mais suivi par Daun, bientôt entouré de forces supérieures, et sans pain, il marcha sur Glogau. Le 15 août il fut attaqué par Laudon à Liegnitz, le culbuta, lui tua 4,000 hommes, et lui enleva 86 bouches à feu. Ce succès inattendu ouvrit à Frédéric le chemin de Breslau, et lui permit de se réunir à l'armée du prince Henri.

Le 3 novembre 1760 Frédéric attaqua Daun dans son camp de Torgau qu'il prit à revers, tandis que son général Ziethen attaquait en face. Le roi fut obligé de battre en retraite, mais Ziethen resta maître du champ de bataille, ce qui donna la victoire aux Prussiens. Chaque armée eut à-peu-près 12,000 morts. « Dans cette bataille Frédéric a violé les principes, soit dans la conception du plan, soit dans son exécution : c'est de toutes ses batailles celle où il a fait le plus de fautes, et la seule où il n'ait montré aucun talent (1). »

Au commencement de la campagne de 1761, Laudon parvint à à cerner le roi de Prusse en combinant ses mouvements avec l'armée russe, et celui-ci eut été probablement écrasé si, comme le voulait Laudon, il eût été attaqué ; mais le général russe Butturlin s'y opposa et battit en retraite.

Le 30 septembre Laudon s'empara par un coup de main de Schweidnitz : à cette nouvelle Frédéric accourut pour couvrir Breslau. — La campagne se termina par le siége de Colberg par les Russes : cette place, dont ils avaient dessein de faire leur centre d'opérations, capitula le 19 décembre.

Dans ces dernières campagnes on ne reconnaît plus Frédéric : il

---

(1) *Mémoires de Napoléon*, dans le tome 6 de la *Bibloithèque historique et militaire*, page 902.

tàtonne, il hésite : est-ce parce qu'il devenait craintif avec l'âge, ou parceque son armée, épuisée et formée de recrues, ne valait pas l'armée disciplinée, et aguerrie par ses soins à la tête de laquelle il commença la guerre de sept ans ?

Frédéric se trouvait dans une position critique lorsque l'impératrice de Russie Elisabeth vint à mourir. Pierre III son successeur admirait les talents de Frédéric, comme son fils Paul Ier admira plus tard ceux de Bonaparte ; il fit la paix avec lui, et lui envoya une armée auxiliaire. C'était un renfort inespéré qui changea bien la face des affaires.

Daun se rapprocha de Schweidnitz où il y avait garnison autrichienne. Après plusieurs marches et manœuvres, le roi de Prusse parvint à le couper de cette ville qu'il cerna. Le siége dura soixante jours : Daun ne fit rien pour l'empêcher : la place capitula le 8 octobre. Ce siége est une des plus belles opérations de Frédéric.

Après plusieurs escarmouches autour de Freyberg, il s'y livra enfin le 30 octobre une bataille dans laquelle le prince Henri de Prusse, surnommé par Frédéric le *général sans faute*, défit l'armée des Cercles. Un mois après (24 novembre) les hostilités cessèrent, et le 15 février 1763, fut signée à Hubertsbourg, entre Marie-Thérèse et Frédéric, la paix qui mettait fin à la guerre de sept ans, et rétablissait les choses dans l'état où elles se trouvaient avant la guerre, sauf le million d'hommes qui avait péri.

Frédéric possédait toutes les qualités qu'on doit exiger d'un bon général (voyez l'introduction), sauf peut-être la réflexion. En effet il ne prévoyait pas toujours assez quelles pourraient être les suites de ses marches ou de ses manœuvres, et c'est ce qui lui fit commettre de si grandes fautes à Kollin, à Olmutz, à Hohenkirch, à Maxen (1). Mais, malgré ses défaites, il se réorganisait prompte-

---

(1) On peut y ajouter encore l'escarmouche de Baumgarten, en 1744, où le colonel prussien Ditfort fut battu à la tête de ses dragons. Avec sa franchise habituelle, Frédéric avoue ainsi la faute qu'il commit en cette occasion. « On entendit cette tiraillerie à Wartha ; le roi qui s'y trouvait, rassembla quelques troupes à la hâte, pour accourir au se-

ment et tenait toujours campagne ; c'était un avantage immense qui joint aux subsides de l'Angletrre et à quelques événements heureux tels que la mort d'Elisabeth de Russie, fut cause qu'il sortit au bout de sept années vainqueur d'une guerre où il avait eu à lutter contre les efforts réunis de l'Autriche, des Cercles, de la France, de la Suède et de la Russie.

Frédéric faisait grand cas des feux d'infanterie, et surtout des feux de peloton sur trois rangs qu'il avait su rendre très-prompts et très-justes. Dans ses dernières guerres il prodigua l'artillerie. « Sa tactique a eu surtout pour base la mobilité, parce qu'il avait surtout pour adversaires des soldats lourds, des bataillons difficiles à remuer, et que cette mobilité, ce feu établi partout, étaient plus capables de les ébranler et de leur faire perdre la tête qu'une trouée qui ne les aurait pas déconcertés. Si Frédéric avait eu souvent affaire à des soldats à imagination mobile, aisés à ébranler et, une fois ébranlés, faciles à mettre en déroute, il aurait fait plus souvent usage de la baïonnette (1). »

Il employait de préférence les marches de flanc et les ordres obliques ; il parvint à donner de la légèreté à la grosse cavalerie qu'il faisait charger au galop, l'épée à la main ; il mobilisa l'artillerie et institua l'artillerie à cheval. Comme perfectionnement de détail, on lui doit la création d'une école d'état-major, l'usage des obusiers en campagne, et l'emploi de la baguette de fer pour charger le fusil.

Deux des causes influentes des succès du roi de Prusse furent

---

cours des dragons qui étaient à un mille de là ; mais il arriva après coup. C'était une *étourderie* de la part d'un souverain de s'aventurer si mal accompagné. Si le roi avait été fait prisonnier dans cette occasion, la guerre était terminée, les Autrichiens auraient triomphé sans coup férir, la bonne infanterie prussienne serait devenue inutile, ainsi que tous les projets d'agrandissement que le roi se proposait d'exécuter. »

Histoire de mon temps, chapitre 2.

(1) Carrion Nisas, *Essai sur l'histoire générale de l'art militaire*, 1824, tome II, page 310

l'habileté manœuvrière de ses troupes et l'intelligence pratique de ses
généraux : mail il avait lui-même provoqué ces deux causes en exer-
çant avec patience, pendant la paix, son armée entière, officiers et
soldats. On peut joindre à ces causes la libéralité avec laquelle Frédéric distribuait les récompenses méritées à la guerre, libéralité qui
contrastait avec l'extrême sévérité de la discipline prussienne.

Voici le jugement que Napoléon à porté sur Frédéric pendant la
guerre de sept ans.

« On reproche à ce grand capitaine 1° de n'avair pas profité,
comme il le devait, de l'initiative qu'il a eu en 1756 ; 2° de n'avoir
pas frappé de grands coups pendant le printemps des cinq années
suivantes, où les Russes étaient éloignés du champ d'opération ;
3° les fautes qui entraînèrent les désastres de Hohenkirch, de Maxen
et de Landshut ; 4° les mauvaises directions données à ses deux invasions de la Bohême et à celle de la Moravie : mais ces fautes sont
éclipsées par les grandes actions, les belles manœuvres, les résolutions hardies, qui lui ont valu de sortir victorieux d'une lutte si
disproportionnée. Il a été grand surtout dans les moments les plus
critiques ; c'est le plus bel éloge que l'on puisse faire de son caractère.

« Frédéric a donné, pendant la guerre de sept ans, dix batailles en
personne et six par ses lieutenants, y compris les affaires de Maxen et
de Landshut : sur lesquelles il en a gagné sept et perdu trois ; et sur
celles livrées par ses lieutenants, il en a perdu cinq et gagné une.
Sur seize batailles la Prusse en a gagné huit et perdu huit. Il n'est
aucune de ces batailles où le roi ait employé une tactique nouvelle.... Il n'en est aucune qui ait un caractère particulier et
nouveau. Le roi en a perdu plusieurs, pour avoir, de gaîté de cœur,
fait des marches de flanc devant une armée en position. Son expérience à Kollin, à Zorndorf ; celle du maréchal Lehwald, à Jœgern-
dorf ; du général Wedel, à Kay ; du prince de Soubise, à Rosbach ;
en ont prouvé le danger (1). »

---

(1) *Mémoires de Napoléon*, dans le tome 6 de la *Bibliothèque historique et militaire*, pages 914, 915, 918.

Frédéric ne fit d'ailleurs la guerre de sept ans avec aucun plan arrêté ; il n'était point entré dans sa tête de combinaisons stratégiques, il n'avait point deviné le *nœud*, le point où devait se terminer la lutte : il agissait au jour le jour, marchant au plus pressé, déployant de l'audace à propos et trouvant de l'inspiration dans les désastres mêmes. Certes il mérita le surnom de *grand* qu'on lui décerna (1) ; mais ce qui acheva de le grandir aux yeux de la foule, ce fut le peu de talent de ceux qu'il avait à combattre, car parmi ses adversaires on ne peut compter un seul homme de guerre remarquable ; ce furent les jalousies et les divisions qui régnaient entre ses ennemis ; ce fut enfin l'incroyable mollesse de quelques-uns des gouvernements contre lesquels il fit la guerre.

---

(1) Le général Lamarque classe ainsi les grands hommes de guerre : Hannibal, Frédéric II, Napoléon. Voyez l'article BATAILLE de l'*Encyclopédie moderne*, édition Didot, tome 5, colonne 626.

CHAPITRE X.

—

NAPOLÉON.

(1769-1821)

Napoléon naquit le 15 août 1769.

En 1779 il entra à l'école militaire de Brienne ; en 1784 il passa à celle de Paris.

Le 1er septembre 1785, à 16 ans, il fut nommé lieutenant en second d'artillerie ; en 1791, capitaine ; en 1793, chef de bataillon et envoyé au siége de Toulon, dont la prise fut due à ses bonnes dispositions. « Ce fut là que commença sa réputation. Il fut alors fait général de brigade d'artillerie, et nommé au commandement de cette arme à l'armée d'Italie. » Cette armée était sous les ordres du général Dumerbion. Les conseils et les combinaisons du général Bonaparte eurent la plus grande influence sur les opérations, et le firent chérir des troupes. Aussi lorsque la Convention le cita à sa barre comme *liberticide,* pour avoir fait un plan de réparation des forts Saint-Jean et Saint-Nicolas à Marseille, les représentants, présents à l'armée d'Italie, écrivirent qu'*on ne pouvait plus se passer de lui.*

En 1795 on le nomma au commandement d'une brigade d'infanterie dans la Vendée : désolé de voir qu'on l'enlève à l'Italie dont il a rêvé la conquête, Bonaparte accourt à Paris pour obtenir la conservation de son poste ; mais il n'a que 25 ans, et la jalousie, se masquant d'une pitoyable raison, lui répond qu'il est trop jeune. Il refuse alors la brigade de l'ouest, et se fixe à Paris où il végète, sans fortune et sans traitement, absorbé dans de profondes méditations sur l'art militaire.

Le 13 vendemiaire (5 octobre 1795) vient le tirer de cette détresse. Nommé commandant en second des forces fidèles à la Convention, il repousse les sections et sauve l'Assemblée. Cette action énergique lui vaut le grade de général en second de l'armée de l'intérieur, et entoure son nom de popularité.

Le 16 octobre 1795, Bonaparte est nommé général de division. Le 27 octobre le Directoire s'installe. Quelque jours après Bonaparte épouse la veuve de Beauharnais, la gracieuse Joséphine, *son seul amour,* et obtient le commandement en chef de l'armée d'Italie. Il arrive à son quartier général à Nice le 27 mars 1796. Il n'a que 27 ans et 30,000 hommes privés de tout ; mais il compte parmi ses lieutenants Kellermann, Masséna, Augereau, Joubert ; et, son génie aidant, il va faire d'admirables campagnes.

Séparer les Autrichiens des Piémontais, en battant successivement avec ses forces réunies leurs troupes éparpillées, voilà le plan que Bonaparte exécute en 15 jours. En effet, après avoir passé le mont Saint-Jacques, il défait, le 12 avril, les Impériaux à Montenotte, le 13 les Piémontais à Millésimo, le 14 les Impériaux à Dègo, le 21 les Piémontais à Mondovi, d'où il se rend à Cherasco, à dix lieues de Turin. La cour de Piémont est effrayée : Bonaparte lui accorde le 28 avril un armistice, sous la condition que la Savoie et Nice seront cédées à la France.

Ces rapides succès étonnent toute l'Europe qui se redit ces mots de la proclamation du général français : « Soldats vous avez remporté, en 15 jours, 6 victoires, pris 21 drapeaux, 55 pièces de canons, plusieurs places fortes et conquis la partie la plus riche du Piémont. Vous avez fait 15,000 prisonniers, tué ou blessé plus de 10,000 hommes... Vous avez gagné ces batailles sans canons, passé des rivières sans ponts, fait des marches forcées sans souliers, bivouaqué sans eau-de-vie, et souvent sans pain. » Il fallait pourtant s'attendre à d'autres merveilles de la part de ces *héros en guenilles.*

Bonaparte voulait s'emparer de Mantoue, afin de découvrir Vienne.

Il court à Plaisance, où il arrive le 6 mai pour passer le Pô. Le 10 mai, il enlève le Pont de Lodi ; Beaulieu se retire, et le 14 mai Bonaparte entre en triomphe à Milan, ou il adresse à son armée cette fameuse proclamation, « la plus remarquable, dit Jomini, qui soit jamais sortie de sa plume » : « Soldats, vous vous êtes précipités comme un torrent du haut de l'Apennin.. Milan est à *vous*... Les ducs de Parme et de Modène ne doivent leur existence politique qu'à *votre* générosité... Oui, soldats, vous avez beaucoup fait? Mais ne vous reste-t-il donc plus rien à faire ?... Vous rentrerez alors dans vos foyers, et vos concitoyens diront en vous montrant : *Il était de l'armée d'Italie !* » Que d'art ! quil connaissait bien le cœur humain celui qui parlait ainsi ! et que nos grand orateurs parlementaires actuels paraissent pygmées devant un tel homme !

Mais déjà le Directoire, travaillé par la jalousie, veut entraver Bonaparte, lui rappelle qu'il doit consulter les commissaires du gouvernement près son armée, et émet l'idée de partager l'armée d'Italie en deux. A la réception de ces nouvelles, Bonaparte, qui sent le pas de géant qu'il a fait depuis six semaines, leur répond fièrement : « J'ai réussi parce que ma marche a été aussi prompte que ma parole... Si vous m'imposez des entraves n'attendez plus rien de bon.. Diviser vos forces c'est perdre l'Italie... Il vaut mieux un mauvais général que deux bons. » Le Directoire lui conserve le commandement.

Le 30 mai, les Français remportent la victoire de Borghetto où leur général en chef faillit être fait prisonnier. Cette victoire couvre nos opérations et nous poste sur l'Adige. Le 1er juin Masséna entre à Vérone. Mais, faute d'artillerie, on est réduit à bloquer Mantoue.

Bonaparte accorde un armistice au roi de Naples, fait rentrer Gênes dans le devoir, marche contre les États de l'Église, signe, le 24 juin, avec le Souverain-Pontife, une trève, à condition que Bologne, Ferrare, et la citadelle d'Ancône recevront garnison française. Il fait occuper Livourne, et envoie des armes aux Corses pour chasser les Anglais.

Le 18 juillet, 140 pièces arrivent devant Mantoue dont on ouvre la tranchée.

Mais Wurmser, « ce vieux housard plein d'énergie » tenait encore : Bonaparte se décide à lever le siège : et, le 31 juillet, il pousse l'audace jusqu'à laisser, *pour plus de célérité*, son matériel dans les tranchées, et marche sur Brescia. Le 2 août Masséna bat Quasdanowich à Lonato, le 3 Augereau combat à Castiglione, où le 5 Bonaparte défait complètement Wurmser. Telle est la *campagne des cinq jours* qui se termine par le renouvellement du blocus de Mantoue.

Wurmser reçoit du renfort, mais Bonaparte continue à l'attaquer en détail. Le 4 septembre il le bat à Roveredo, où il lui prend 7,000 prisonniers, 25 canons, 7 drapeaux, et le coupe ainsi du Trentin et du Tyrol. Après avoir adressé une proclamation aux Tyroliens, il fait vingt lieues en vingt-quatre heures pour venir défaire Wurmser à Bassano. Le général autrichien ne pouvait repasser l'Adige car il était privé d'équipages de ponts; mais, les Français ayant par négligence abandonné Legnano, Wurmser s'y porta, y traversa l'Adige et se dirigea sur Mantoue, dont il put approcher, les ponts de la Molinella n'ayant pas été détruits malgré les ordres de Bonaparte. Battus le 19 au faubourg Saint-Georges, les Autrichiens ravitaillent la place et s'y renferment. Le troisième blocus de Mantoue commence.

Le 2 novembre, Bonaparte se trouve à Caldiero en face de 60,000 Autrichiens qu'il attaque sans succès. « Des hommes, écrit-il au Directoire, ou l'Italie est perdue! » Mais son génie lui dicte un plan téméraire, et il l'exécute avec un rare bonheur. L'armée s'éloigne et va passer l'Adige à Ronco, où elle trouve trois digues sur des marais : Bonaparte lance ses 16,000 hommes sur ces digues où ils peuvent lutter contre un nombre supérieur. Bonaparte se tient à la division Augereau qui forme la seconde colonne et marche sur

Arcole. Il fait attaquer le village d'Arcole : et il a beau s'élancer sur le pont, un drapeau à la main, pour donner l'exemple, il est repoussé et ne peut percer, lorque enfin Arcole est pris à revers par sa troisième colonne qui vient de traverser l'Adige à Albaredo. Pendant ce temps Alvinzi s'est échappé. Ce combat d'Acole se renouvelle le lendemain et le surlendemain. Les Autrichiens perdent dans cette triple bataille 12,000 morts, 6,000 prisonniers, 18 canons, 4 drapeaux. L'armée triomphante rentre à Vérone.

« Mais, dit Jomini (1), tout ce que faisait Bonaparte était comme l'ouvrage de Pénélope, et se trouvait défait à mesure par la constance que le cabinet de Vienne mettait à envoyer de nouveaux renforts à son armée d'Italie, et par l'incurie du Directoire qui tardait tant à le soutenir. On le traitait à Paris comme Hannibal l'avait été par le Sénat de Carthage. » Confiant dans son génie, le général en chef de l'armée d'Italie ne se décourageait pas : il comptait bien, malgré les faibles ressources mises à sa disposition, finir par maîtriser la fortune.

Le 14 janvier 1797, grâce à Masséna qui sait arriver à temps, il bat à Rivoli, Alvinzi, et l'empêche ainsi de joindre les 6,000 hommes de Lusignan. Il apprend alors que Provera a passé l'Adige et marche sur Mantoue ; il s'élance à sa poursuite avec la division Masséna. « Ce corps infatigable s'était battu le 13 janvier devant Vérone ; il avait marché toute la nuit pour arriver à Rivoli ; il venait de se battre pendant tout le 14 ; il allait marcher toute la nuit et la journée du 15 pour se battre le 16 devant Mantoue : l'activité tant vantée des soldats romains n'avait jamais fait de tels prodiges (2). »

Bonaparte trouva Provera devant Mantoue, et Wurmser débouchant de la place pour faire diversion. Le 27 janvier l'attaque a lieu au faubourg de la Favorite : Wurmser est rejeté dans Mantoue ; Provera battu met bas les armes avec 6,000 hommes, tandis que Alvinzi,

---

(1) *Vie politique et militaire de Napoléon*, tome I, page 183.
(2) Th. Lavallée, *Histoire des Français*, édition in-12, tome IV, page 228.

attaqué et tourné à la Corona par Joubert, se laisse écraser et abandonne 5,000 prisonniers. — Le 2 février Mantoue capitula. Elle livra 13,000 prisonniers et 350 canons. « La magnanimité de Bonaparte fut complète : il voulut épargner au vieux maréchal le chagrin de remettre son épée aux mains d'un aussi jeune capitaine, et se déroba à ce spectacle. Cette conduite étonna également l'Europe, la France, et le Directoire. Un pareil désintéressement de la victoire plaça bien haut dans l'estime générale celui qui savait se contenter de vaincre, et qui n'acceptait de la guerre que ses périls (1). »

Les Romains avaient repris les hostilités : Bonaparte marche contre eux, culbute l'armée pontificale, et, arrivé à Tolentino, signe, le 19 février, la paix avec le pape alarmé. Une des conditions de cette paix est la cession d'Avignon et du comtat Venaissin à la France.

L'Autriche ne songeait pas encore à demander la paix : il fallait l'y contraindre. Mantoue prise, Vienne était découverte. Bonaparte dirige sa marche sur cette capitale devenue son nouveau *point objectif ;* et, comme il vient de recevoir 19,000 hommes de renfort commandés par Bernadotte et Delmas, il est en état de tout entreprendre. Son armée monte en tout à 53,000 hommes d'infanterie, 3,000 hommes d'artillerie, 120 bouches à feu, 5,000 cavaliers. Les Autrichiens sont commandés par l'archiduc Charles « tout resplendissant de la gloire qu'il venait d'acquérir en Allemagne. » L'archiduc arrive à Inspruck, son quartier-général, le 6 février 1797.

Le 16 mars, à neuf heures du matin, les deux armées étaient en présence. « La canonnade s'engagea d'une rive à l'autre du Tagliamento ; la cavalerie légère fit plusieurs charges sur le gravier de ce torrent. L'armée française voyant l'ennemi trop bien préparé, cessa son feu, établit son bivouac et fit la soupe. L'archiduc y fut trompé ; il crut que, comme elle avait marché toute la nuit, elle prenait position. Il fit un mouvement en arrière et rentra dans son camp.

---

(1) Norvins, *Histoire de Napoléon*, livre III, chapitre 7.

Mais, deux heures après, quant tout fut tranquillle, l'armée française reprit subitement les armes (2). » Les Français passèrent la rivière, et les Autrichiens repoussés se retirèrent, abandonnant 8 canons et des prisonniers.

Après avoir battu les Autrichiens à Tarvis et à Neumarck, Bonaparte, dont l'avant-garde était entrée à Léoben le 7 avril, leur accorda une suspension d'armes, origine des préliminaires de Léoben qui furent signés le 18. L'empereur fit alors offrir à Bonaparte « de lui faire obtenir à la paix une souveraineté de 250,000 âmes en Allemagne, pour lui et sa famille, *afin de le mettre à l'abri de l'ingratitude républicaine.* » Bonaparte refusa : il comptait déjà *tout* obtenir du peuple français.

Pendant ce temps les Français avaient été égorgés à Vérone, et un lougre français criblé de boulets dans le port de Venise. Bonaparte accourt en s'écriant : « *Je serai un Attila pour Venise !* » Le gouvernement de Saint-Marc est renversé, le livré d'or brûlé, et une démocratie établie. Gênes devient la *République Ligurienne ;* les deux Républiques Lombarde et Cispadane sont réunies en une seule, la *République Cisalpine ;* et, le 17 octobre, la paix de Campo-Formio, qui reconnaît à la France la rive gauche du Rhin, est signée par Bonaparte, malgré le Directoire. Après tant de travaux, le général en chef part pour Rastadt, y échange les ratifications du traité, et se rend à Paris, où il est reçu, le 10 décembre, par une fête triomphale.

Sa popularité est immense ; le Directoire jaloux consent à l'expédition d'Egypte. Le 19 mai 1798, les Français mettent à la voile, s'emparent chemin faisant de Malte, et le, 1er juillet débarquent en Afrique.

---

(2) *Mémoires de Napoléon,* dans le tome 6 de la *Bibliothèque historique et militaire,* page 695.

Ce fait rappelle le stratagème d'un général de l'antiquité. Cléomène voyant que l'ennemi l'imitait en tout, « donna ordre secrètement que l'on s'armât quand il ferait crier le diner. Le cri fut fait et les Argiens se mirent à diner. Cléomène profitant de leur erreur, fondit sur eux, et les trouvant sans armes, les défit entièrement. »

POLYEN, *Ruses de guerre,* livre 1, chapitre 14.

On se rend maître d'Alexandrie. On défait Mourad et ses mamelucks à la bataille des Pyramides. Le 25 juillet on entre au Caire. Mais notre flotte est détruite à Aboukir, et ce fatal événement jette un voile funeste sur nos succès. Bonaparte ne se laisse pas abattre : il ménage les habitants, célèbre en grande pompe la *fête du Nil*, et fonde l'*Istitut d'Egypte*. Le Caire se révolte contre des *chiens de chrétiens ;* il est sévèrement puni : c'était nécessité pour le salut d'une armée privée de flotte.

Bonaparte se décide alors à l'expédition de Syrie : il s'empare d'El-Arich, de Gaza, et de Jaffa, dont il fait fusiller la garnison, montant à 2,000 hommes (1), et où la peste se déclare dans son armée. Mais le moral de l'armée se relève en voyant le général en chef toucher les pestiférés, et Desgenettes s'inoculer la peste.

Depuis 60 jours on est devant *Saint-Jean-d'Acre*. Malgré la brillante victoire du Mont-Thabor, une septième attaque (10 mai), contre la ville, échoue encore. La place est défendue par deux Français, l'ingénieur *Phélippeaux*, et l'artilleur *Tromelin* : elle est soutenue par l'escadre anglaise, commandée par le commodore Sidney-Smith qui a réussi à enlever notre artillerie de siége que l'on transportait d'Alexandrie par mer. Bonaparte se décide à lever le siége, mais son âme resta toujours ulcérée de cet échec, résultat de sa témérité, quisqu'il était venu au centre de la Syrie, n'ayant que 12,000 hommes, pendant que son lieutenant *Desaix* était à près de 400 lieues de lui, aux cataractes de Syène. Et il disait encore à Sainte-Hélène : « Cette place enlevée, l'armée française volait à Damas et à Alep ; elle eût été en clin d'œil sur l'Euphrate ; les chrétiens de la Syrie, les Druses, les chrétiens de l'Arménie se fussent

---

(1) On a beaucoup reproché ce fait à Bonaparte. Mais, dans l'intérêt de son armée, il ne pouvait laisser libres 2000 prisonniers sans point d'honneur, qui, pour premier usage de leur liberté, fussent tombés sur ses derrières. C'était une suite de sa pointe hasardée. On lui a aussi reproché avec raison d'avoir, en quittant Saint-Jean-d'Acre, fait donner de l'opium à cinquante pestiférés français non transportables, pour leur procurer une mort douce. Ce dernier fait est une imitation de l'usage des anciens Gaulois d'égorger tous les blessés qui ne pouvaient marcher.

joints à elle ; les populations allaient être ébranlées. Nous aurions été renforcés de plus de 600,000 hommes ; j'aurais atteint Constantinople et les Indes ; j'aurais changé la face du monde (1) ! »

Regrettons en effet avec Bonaparte qu'il ne se soit pas emparé de Saint-Jean-d'Acre, et qu'il n'ait pas achevé la conquête de l'Asie. Il eût fondé un empire en Orient, s'y fût maintenu, car son caractère gigantesque et la nature absolue de son esprit auraient séduit les populations asiatiques ; il eût ainsi ruiné plus sûrement la puissance anglaise, en lui enlevant l'Inde, que par le blocus continental. La France eût traversé moins de gloire ; mais, en restant plus humble, elle eût été plus heureuse, et n'eût pas parsemé les os de ses enfants sur les champs de bataille de toute l'Europe.

La retraite achevée, on rentre au Caire où l'on avait annoncé la mort du *père du feu* (sultan Kébir, nom donné à Bonaparte). Quelque temps après, les Français remportent cette fameuse bataille d'Aboukir (25 juillet 1799), où 13,000 Ottomans, débarqués dans la presqu'île, furent, une fois leurs faibles retranchements forcés, passés au fil de l'épée, précipités dans les flots, ou fait prisonniers. Dans un moment d'enthousiasme, Kléber s'écrie, en s'adressant au général en chef : « *vous êtes grand comme le monde !* (2) » La coopération anglaise à cette bataille était évidente. « Sidney-Smith, qui faisait les fonctions de major-général du pacha, et qui avait choisi les positions qu'avait occupées l'armée turque, faillit être pris ; il eut beaucoup de peine à rejoindre sa chaloupe (1). »

-----

(1) *Mémorial de Sainte-Hélène*.

(2) Je me suis toujours défié de la véracité de cette exclamation que M. de Norvins, (*Histoire de Napoléon*, livre IV, chapitre 2), rapporte en ces termes « Venez que je vous embrasse, mon cher général, vous êtes grand comme le monde. »

Il est en effet des actions et des paroles célèbres qui acquièrent une grande popularité grâce à un travestissement qui les poétise.

Pour ne pas sortir de l'histoire militaire, je me bornerai à rappeler les faits suivants.

Après la bataille de Pavie (1525), François Iᵉʳ écrivit à sa mère une lettre qui commence ainsi : « Pour vous avertir comment se porte le ressort de mon infortune, de toutes choses ne m'est demeuré que l'hon-

Ce fut après cet exploit que Bonaparte, jugeant sa conquête achevée, prit, sur des nouvelles reçues de France, le parti de quitter l'Egypte. Laissant le commandement à Kléber, *l'idéal du Dieu Mars* (2), il s'embarqua disant à ses compagnons de voyage inquiets

---

neur et la vie qui est sauve..... » Cette lettre transformée en cette phrase laconique : Tout est perdu, fors l'honneur! » a fait le tour du monde.

Le billet attribué à Henri IV, après la bataille d'Arques, « Pends-toi, brave Crillon, nous avons vaincu à Arques et tu n'y étois pas » n'est qu'une abréviation de la lettre véritablement écrite, et que voici dans son entier : « Brave Crillon, pendez-vous de n'avoir point été ici près de moi lundi dernier, à la plus belle occasion qui se soit jamais vue, et qui peut-être ne se verra jamais. L'ennemi nous vint voir fort furieusement, mais il s'en est retourné fort honteusement. J'espère lundi prochain être dans Amiens, où je ne séjournerai guères, pour entreprendre quelque chose. Adieu, au camp d'Amiens, le 20 septembre 1597. »

Voyez le *Journal militaire de Henri IV*, par M. de Valory, 1821, page 259.

Cette lettre a été travestie de mille manières. M. Alfred Serviez, dans la *Vie du brave Crillon,* publiée en 1844, la rapporte ainsi : « Pends-toi, Crillon! nous avons combattu à Arques et tu n'y étais pas. Adieu, brave Crillon, je vous aime à tort et à travers. » Page 347.

La peinture a représenté Bonaparte traversant, avant la bataille de Marengo, les Alpes sur un cheval fougueux, tandis qu'il gravit réellement le Saint-Bernard monté sur un mulet.

Enfin la fameuse apostrophe de Cambronne « La Garde meurt et ne se rend pas, » n'est que la traduction épurée d'un mot plus énergique et plus familier aux classes populaires.

(1) *Mémoires de Napoléon,* dans le tome VI de la *Bibliothèque historique et militaire,* page 247.

(2) Cette expression est de Jomini qui trace ainsi le portrait de Kléber :

« Ce général, instruit, spirituel, vaillant, était un des plus beaux hommes de l'Europe. C'était l'idéal du dieu Mars : terrible dans les combats, calme et froid dans les combinaisons, grand administrateur, chéri du soldat, il ressemblait en tous points au maréchal de Saxe. S'il n'eut pas l'occasion de se placer parmi les capitaines du premier rang, il avait l'étoffe pour le devenir : peut-être n'entendait-il pas la stratégie dans toute l'étendue de ses combinaisons, mais il y fût parvenu par son génie et l'habitude du commandement. »

(*Vie politique et militaire de Napoléon,* tome I, page 303).

des croisières anglaises : « nous arriverons en dépit des Anglais. »
Sa fortune lui permit en effet de passer.

Il venait faire la révolution du 18 brumaire.

Devenu Premier Consul à la naissance du XIXᵉ siècle, Bonaparte
se consacre tout entier à l'administration de la France, et offre la
paix à l'Angleterre et à l'Autriche : mais on voulait la guerre avec la
République française, et tout l'hiver il la prépare avec soin. Il porte
à 130,000 hommes l'armée d'Allemagne commandée par Moreau.
Quant à l'armée de Ligurie, elle n'était que de 30,000 hommes, et
elle ne reçut pas de renfort ; mais on pouvait tout attendre de l'é-
nergie de Masséna, son général en chef. Le premier consul crée une
troisième armée, dite *armée de réserve*, dont il dissimule tellement
la formation que toute l'Europe le raille. Mais tout dépendait du
secret, et ces railleries firent plaisir à Bonaparte. Voici en effet le
plan qu'il avait conçu. Moreau devait repousser M. de Kray, le
battre s'il était possible, mais au moins l'éloigner des Alpes, puis
détacher son aile droite vers la Suisse pour seconder l'opération de
l'armée de réserve. Masséna devait occuper le pays de Gènes et s'y
défendre jusqu'à outrance pour retenir le baron de Mélas, sur les
derrières du quel Bonaparte devait tomber à l'improviste après avoir
traversé le Saint-Bernard à la tête de l'armée de réserve.

Ce plan profond allait être exécuté malgré les lenteurs de Moreau
auquel, après avoir laissé toute latitude sur la nature de ses opérations, il fallut donner par le télégraphe l'ordre de passer le Rhin. Il
était temps d'agir, car Masséna enfermé dans Gènes, sans vivres, se
trouvait dans une position critique.

Moreau passe le Rhin, et, malgré plusieur fautes, bat M. de Kray
à Engen (3 mai), reste maître du champ de bataille à Mœsskirch (5
mai), et, une fois les Autrichiens établis à Ulm, détache, sur l'ordre formel du ministre de la guerre Carnot accouru à son armée,
16,000 hommes vers le Saint-Gothard.

A cette nouvelle Bonaparte quitte Paris : le 13 mai il passe ses
troupes en revue et se décide à traverser les Alpes par le Saint-
Bernard. Ce passage se fait avec des peines inouïes, car le transport
des canons nous présente autant de difficultés que celui des éléphants

d'Hannibal. Bonaparte marche sur Milan, où il entre le 2 juin, sans désillusionner M. de Mélas qui croyait encore avoir affaire à peu de Français.

Le 5 juin Masséna évacue Gènes, mais, le 9, les Autrichiens du général Ott étaient déjà battus à Montebello, par Lannes. Le 14, M. de Mélas se décide à donner bataille : elle a lieu dans les plaines de Marengo où les Français sont surpris. A dix heures nous perdons le village de Marengo, mais Bonaparte, parvenu sur le théâtre du combat, rétablit les affaires. Cependant, malgré la bravoure de nos troupes et les efforts de Lannes, à trois heures nous étions battus. Heureusement Desaix, bien inspiré, arrive, répond à Bonaparte : « oui, la bataille est perdue : mais il n'est que trois heures ; il reste encore le temps d'en gagner une : » et la bataille recommence pour la troisième fois. Cette fois elle fut gagnée d'une manière éclatante, et Desaix paya de sa vie une victoire qui mettait sur la tête de Bonaparte la couronne impériale.

Telle est cette mémorable campagne, « l'un des prodiges de l'art de la guerre, » qui nous rendait l'Italie, et, détruisant les projets de la coalition, arrachait à l'Europe un armistice de six mois. Bonaparte dut tant de succès à son génie qui « maîtrisa la fortune par ces combinaisons, profondes, admirables, sans égales dans l'histoire des grands capitaines ; » et à la parfaite manière dont il fut secondé par ses lieutenants Masséna, Desaix, Lannes, Kellermann.

Le commandement en chef fut donné à Masséna. et, le 3 juillet, le Premier Consul était de retour à Paris ou il avait été précédé par ces paroles : « *je ne veux d'autre arc de triomphe que la satisfaction publique.* »

La bataille d'Hohenlinden, gagnée par Moreau le 3 décembre 1800, et sa marche sur Vienne, amenèrent l'armistice de Steyer (15 décembre), puis la *paix de Lunéville* (9 février 1801) sur les bases de Campio-Formio ; mais l'Empereur traitant pour tout le corps germanique, nous eûmes aussi la paix avec la Russie, le Portugal, la Turquie, la Bavière, et enfin la *paix d'Amiens* avec l'Angleterre (25 mars 1802).

Bonaparte dut à ces traités de paix, à ses grands travaux adminis-

tratifs et financiers, au concordat, au code civil, à la machine in-
fernale, à la création de la Légion-d'Honneur et des lycées, une
juste popularité et une immense confiance, et comme conséquence
le *Consulat à vie,* (3 août 1802).

Après avoir travaillé à reconstituer, sur la rive droite du Rhin,
la Confédération germanique, Bonaparte voulait sincèrement la paix.
Mais les Anglais refusaient d'exécuter le traité d'Amiens, en n'éva-
cuant pas Malte et Alexandrie, et il fallut se préparer à la guerre.
« Une colère, tout à la fois personnelle et patriotique, s'empara du
Premier Consul ; et vaincre l'Angleterre, l'humilier, l'abaisser, la
détruire, devint, à partir de ce jour, la passion de sa vie. Persuadé
que tout est possible à l'homme, à condition de beaucoup d'intelligence, de suite et de volonté, il s'attacha tout-à-coup à l'idée de
franchir le détroit de Calais, et de porter en Angleterre l'une de ces
armées qui avaient vaincu l'Europe (1). » Dès lors il forme le camp
de Boulogne, et, par sa toute-puissante volonté, parvient à réunir
une armée de 120,000 hommes, et 2,300 bâtiment plats pour la
transporter. Il perfectionne et fortifie le port de Boulogne, et exerce
sans cesse sa flottille à manœuvrer, car le passage du détroit présente des difficultés. Il ne comptait d'ailleurs traverser que quand
un engagement naval lui aurait laissé le Pas-de-Calais libre durant
ving-quatre heures ; et, pendant qu'il débarquerait en Angleterre,
il avait l'intention de jetter une armée en Irlande où il espérait
être soutenu par la population. Perfectionnant tout avec patience,
il parvint à posséder une armée bien habituée à la manœuvre de la
flottille. Il voulait agir en février 1804.

Mais la conspiration de Georges et de Moreau vint placer la couronne sur la tête du Premier Consul qui fut proclamé, le 18 mai 1804,
Empereur des Français, et sacré le 2 décembre suivant à Notre-
Dame par le pape Pie VII. « Ainsi finissait après douze années,
non pas la Révolution française, toujours vivante et indestructible,
mais cette République qualifiée d'impérissable. Elle finissait sous

---

(1) Thiers, *Histoire du Consulat et de l'Empire,* tome IV, page 315.

la main d'un soldat victorieux, comme finissent toujours les républiques qui ne vont pas s'endormir dans les bras de l'oligar-
chie (1). »

Un an après (26 mai 1805), Napoléon se faisait couronner à
Milan comme *Roi d'Italie*, et donnait le commandement de ce pays,
avec le titre de vice-roi, au prince Eugène « le plus fidèle de ces
amis et l'un de ses meilleurs lieutenants. »

L'Empereur des Français qui, jusqu'en 1812, fut bien servi par
ses lieutenants de l'armée de terre, eut le malheur constant d'être
mal secondé par ses amiraux. Villeneuve, qui avait déjà fui à la bataille d'Aboukir, ne put jamais réussir à parvenir vingt-quatre
heures dans la Manche, pour protéger le passage de la flotille, et se
laissa bloquer à Cadix. Napoléon indigné, de voir ainsi manquer des
préparatifs qui duraient depuis quatre ans, — préparatifs sérieux,
dit un historien (2), car « nous sommes fermement persuadé que
Napoléon parvenu à Londres, l'Angleterre aurait traité (3), »
— tourna sa colère contre le continent; en vingt-quatre heures
tous les corps d'armée du camp de Boulogne furent en marche sur
l'Allemagne, où ils allaient faire *l'immortelle campagne* de 1805
contre la troisième coalition.

Napoléon avait deviné le plan des alliés ; il devait être attaqué au
nord par la Russie entraînant la Prusse; en Bavière et en Lombardie par l'Autriche secondée par les Russes ; au midi de l'Italie par
les flottes russe et anglaise joignant leurs forces aux Napolitains.
Négligeant la première et la dernière attaque, comme peu sérieuses,
au moins pour l'instant, Napoléon dirigea toutes ses forces sur le

---

(1) Thiers, *Histoire du Consulat et de l'Empire*, tome V, page 153.

. (2) Thiers, *Histoire du Consulat et de l'Empire*, tome V, page 466.

(3) Le lecteur, curieux de fixer sa pensée sur les suites heureuses que
la conquête de l'Angleterre eût entraînées pour Napoléon, peut consulter
l'intéressant roman publié en 1841, par M. *Louis Geoffroy*, le sous titre
de *Napoléon apocryphe, 1812-1832, Histoire de la conquête du monde et de
la monarchie universelle*, pages 59 et suivantes.

Danube, afin de frapper les Autrichiens avant l'arrivé des Russes.
Les troupes, parties avec joie le 29 août du camp de Boulogne,
étaient le 24 septembre sur le Rhin, tandis que les corps de Bernadotte accouru de Hanovre, et de Marmont venu de Hollande, se
trouvaient à Wurtzbourg. Cette arrivée imprévue des forces françaises, qu'on croyait au bord de l'océan, surprit l'Europe. *La
grande armée* montait à environ 186,000 hommes : elle allait lutter contre plus de 400,000 ennemis. Le 7 octobre elle passait le
Danube, et, le 8, le maréchal Soult entrait à Augsbourg. Le combat d'Elchingen, où s'illustra Ney *le premier des braves,* enferma
bientôt les Autrichiens dans Ulm, où ils furent obligés de capituler,
et dont ils sortirent le 20 octobre 1805. C'était un résultat prodi-
gieux! En 20 jours, rien qu'*avec les jambes,* c'est-à-dire sans livrer bataille, nous avions anéanti une armée de 80,000 hommes,
dont 60,000 étaient prisonniers. Nous avions pris en outre 200 bouches à feu, 4000 chevaux, et 80 drapeaux. Mais restaient les Russes à vaincre, et Napoléon disait le 21 à son armée : « Cette armée
russe, que l'or de l'Angleterre a tranportée des extrémités de l'uni-
vers, nous allons lui faire éprouver le même sort !.. tout mon soin
sera d'obtenir la victoire avec le moins possible d'effusion de votre
sang. *Mes soldats sont mes enfants.* »

Le jour de notre triomphe à Ulm, nous perdions la bataille navale de Trafalgar (20 octobre); nous l'avons déja dit , sur mer Napoléon devait toujours être malheureux.

La Russie se rangea enfin ouvertement contre nous. Nous des-
cendîmes la vallée du Danube : le 5 novembre nous étions à Lintz.
La marche fut continué, la *flottille du Danube* reliant nos colonnes
qui cheminaient sur les deux rives. Une adroite surprise des ponts de
Vienne nous livra cette capitale que nous traversâmes le 15 novembre.

Le 1er décembre nous étions à Austerlitz, au nombre de 70,000,
en présence de 90,000 Austro-Russes. Napoléon distribua ses corps
d'armée, et termina sa proclamation par ces mots : « cette victoire
finira la campagne : la paix que je ferai sera digne de mon peuple.
de vous et de moi. » La bataille eut lieu le lendemain (2 décem-

bre 1805). Les Russes établis sur le plateau de Pratzen, en descen - dent pour tourner les Français et les couper de la route de Vienne ; mais le maréchal Soult attaque ce plateau, et en moins d'une heure, s'en rend maître. A notre gauche, Lannes est vainqueur. Napoléon arrive alors, avec le corps du maréchal Soult et les grenadiers Oudinot, sur le derrière des colonnes ennemies descendant les pentes de Platzen : ces colonnes sont enveloppées et faites prisonnières. L'aile gauche des Russes demeurait toujours immobile, mais, bientôt acculée aux étangs glacés, elle s'y jetta pour se frayer un chemin : la glace, affaiblie par le *soleil d'Austerlitz* et par nos boulets, céda sous leurs pas et 2,000 hommes se noyèrent. Le résultat n'eût pas été plus grand si Napoléon eût commandé les deux armées et fait exécuter des manœuvres convenues. Les Russes avaient perdu 15,000 hommes ; nous 7000. Nous avions pris 20,000 prisonniers et 180 bouches à feu.

Cette victoire était immense. « Soldats s'éria l'Empereur dans sa proclamation, il vous suffira de dire : j'étais à la bataille d'Austerlitz, pour que l'on vous réponde : voilà un brave ! »

Le 16 décembre, la paix de Presbourg fut signée avec l'Autriche. La Confédération germanique fut bientôt remplacée par la confédération du Rhin. Mais on ne put s'entendre avec la Russie et la Prusse, et il fallut continuer la guerre avec la quatrième coalition. Le 21 septembre 1806, elle commença contre la Prussse dont les soldats étaient, depuis Frédéric, placés très-haut dans l'opinion de l'Europe, ce qu'ils ne savaient que trop : leur présomption allait être cruellement punie par *la guerre de sept semaines.*

Napoléon, voulant *empêcher ses ennemis de remuer de dix ans,* fait ses préparatifs avec prévoyance : il met tout l'Empire en état de défense. Depuis Austerlitz son armée est prête. Elle est forte de 170,000 hommes divisés en 6 corps complets chacun en infanterie et artillerie ; mais la cavalerie entière reste concentrée sous Murat, et à sa disposition. Le 28 septembre 1806, Napoléon arrive à Mayence, tandis que son armée se rend sur les frontières de la Saxe. On franchit ces frontières (8 octobre) ; on traverse ensuite les défilés de la Franconie et de la Saxe, on bat les Prussiens dans les combats de Schleitz et Saalfeld, et le 13 octobre on arrive sur les hauteurs d'Iéna, d'où l'on découvre l'armée prussienne. Aussitôt, mais à grande peine, Napoléon fait occuper le mont Landgrafenberg par de l'infanterie et de l'artillerie.

Le 14 octobre au matin, au milieu d'un brouillard épais, Napoléon parcourt à la lueur des torches, le front de ses troupes, leur explique ses mouvements, les encourage et leur recommande de se tenir en garde contre la cavalerie prussienne. A neuf heures le corps du général Tauenzien était défait, et l'armée française avait gagné l'espace nécessaire à son déploiement. Napoléon suspend l'action pour donner à ses colonnes le temps d'arriver : ses ordres ayant été exécutés ponctuellement, nous étions, une heure après en état d'agir. Le prince de Hohenlohe accourt à la tête de la cavalerie prussienne. Ney, qui arrive, s'engage inconsidérément contre cette cavalerie, et résiste avec héroïsme ; Lannes vole pour le dégager, mais il rencontre l'infanterie prussienne qui fait bonne contenance et un feu nourri. Augereau, débouchant du bois d'Iserstedt, dégage la gauche de Ney ; le maréchal Soult prend les Prussiens en flanc, et Napoléon ébranle la garde en avant. Les Prussiens sont poussés vers la vallée de l'Ilm. Leur infanterie se rompt, et est massacrée malgré la courageuse résistance de leur cavalerie. Le corps du général Ruchel, qui arrive dans ces circonstances et gravit les pentes du Landgrafenberg, est entraîné et anéanti par les *torrents* de Français qui descendent ces pentes en poursuivant les Prussiens. Les troupes Saxonnes sont enveloppées et faites prisonnières. La victoire est complète.

Pendant ce temps, Davoust réduit à 26,000 hommes, par l'abandon de Bernadotte, remportait sur 66,000 Prusssiens commandés par leur roi, la victoire d'Awerstaedt, qui acheva la déroute de l'armée prussienne.

Le 28 octobre, Napoléon entrait triomphalement à Berlin. Le même jour Murat, le *magister equitum* de Napoléon, faisait prisonnier de guerre tout le corps du prince de Hohenlohe. Stettin se rendit alors, malgré ses 6,000 hommes de garnison, sur la simple sommation du général de cavalerie Lasalle qui n'avait que des husssards et des chasseurs (1). Le surlendemain, le corps de Lannes criait: *Vive l'empereur d'Occident*. Bientôt après Lubeck, Custrin, et Magdebourg qui contenait 22,000 hommes, capitulèrent.

« Napoléon, dit M. Thiers, était maître absolu de la monarchie du grand Frédéric: il avait enlevé tout le matériel de la Prusse en canons, fusils, munitions de guerre; il avait acquis des vivres pour nourrir son armée pendant une campagne, 20,000 chevaux pour remonter sa cavalerie, et assez de drapeaux pour en charger les édifices de sa capitale. Tout cela c'était accomplit en un mois, car, entré le 8 octobre, Napoléon avait reçu la capitulation de Magdebourg, qui fut la dernière, le 8 novembre. Et c'est ce rapide anéantissement de la puissance prussienne, qui rend si merveilleuse la campagne que nous venons de raconter ! Que 160,000 Français, parvenus à la perfection militaire par quinze ans de guerre, eussent vaincus 160,000 Prussiens énervés par une longue paix, le miracle n'était pas grand ! Mais c'est un événement étonnant que cette marche oblique de l'armée française, combinée de telle manière, que l'armée prussienne constamment débordée pendant une retraite de deux cent lieues, de Hof à Stettin, n'arrivât à l'Oder que le jour même où ce fleuve était occupé, fût détruite ou prise jusqu'au dernier homme, et qu'en un mois le roi d'une grande monarchie, le second successeur du grand Frédéric, se vît sans soldats et sans États ! C'est, disons-nous, un événement étonnant, quand on songe surtout qu'il ne s'agissait pas ici de Macédoniens battant des Perses lâches et ignorants, mais d'une armée européenne battant une autre armée européenne, toutes deux instruites et braves (2). »

Pour *vaincre la mer par la terre,* Napoléon décrète le *blocus continental.* (21 novembre 1806). Bientôt la Pologne se révolte:

---

(1) Ceci rappelle qu'en 1795, dans la conquête de la Hollande par Pichegru, des hussards galoppant sur les glaces du Zuyderzée, chargèrent la flotte du Texel qui fut obligée de se rendre.

(2) *Histoire du Consulat et de l'Empire,* tome VII, page 205.

Napoléon lui donne des armes, mais il n'ose proclamer son indépendance. Il court alors après les Russes ; entre la Narew et la Vistule, il ne rencontre que de la boue, et a mille peines à faire avancer et à nourrir son armée qui, fatiguée par les marches, travaillée par la faim, et transie de froid, se trouve presque aux abois. Cependant, dans une plaine où l'on ne peut manœuvrer, avec 54,000 hommes et 200 bouches à feu, il accepte la bataille d'Eylau contre 72,000 Russes secondés par plus de 400 pièces d'artillerie.

La lutte commence (7 février 1807) par une vive canonnade que les automates Russes reçoivent long-temps avec impassibilité : mais, éprouvant bientôt *une sorte d'impatience,* ils s'ébranlent pour s'emparer d'Eylau. Le maréchal Davoust arrive alors de notre droite, et force les Russes à replier leur gauche : Augereau s'avance intrépidement contre le centre russe fortement appuyé à des éminences ; mais la mitraille détruit presque immédiatemen son corps que charge en outre la cavalerie russe : rejeté alors jusqu'au cimetière d'Eylau, Augereau blessé se plaint à l'Empereur de n'avoir pas été secouru à temps. D'après les ordres de Napoléon, Murat, à la tête de toute la cavalerie de réserve, charge aussitôt l'infanterie russe qui forme le centre de l'armée ennnemie, et la hache impitoyablement. Davoust ayant en même temps repousssé la gauche russe, nous avions gagné cette sanglante bataille, lorsque le général prussien Lestocq arriva avec 7,000 ou 8,000 hommes de troupes fraîches, et rallia quelques bataillons russes : mais Davoust l'arrêta, et l'apparition sur notre gauche de Ney, qui accourait à la poursuite de Lestocq, décida la victoire. Les Russes avaient 30,000 morts ou blessés, et nous 10,000. C'était une véritable boucherie sur la neige et sur la glace, et, si nous avions perdu moins de monde que les vaincus, cela tenait surtout à ce que nous étions sur une ligne peu profonde.

Après Austerlitz on attribua les succès des Français à l'infériorité des troupes autrichiennes, et l'Europe compta sur les Prussiens pour nous résister ; après Iena, l'Europe n'eut plus d'espoir que dans les Russes ; Eylau fit tomber cet espoir. La France était plus forte que chaque nation isolée : elle ne devait succomber que sous les coups de ses ennemis coalisés.

Napoléon fait rentrer ses troupes dans leurs quartiers d'hiver, et les recrute tellement, qu'au mois de mars il avait en Allemagne 440,000 hommes, dont 360,000 Français et 40,000 alliés. Au printemps la campagne recommence. Elle se termine par la bataille de Friedland (14 juin 1807). Lannes, attaqué par Benningsen, résistait à toute l'armée russe. Napoléon arrive sur le champ de bataille, ordonne à Ney d'enlever et de détruire les ponts de l'Alle, et d'occuper la ville de Friedland : l'intrépide lieutenant y réussit après mille efforts : Napoléon porte alors sa gauche, puis toute sa ligne en avant, et accule ainsi les Russes à une rivière sans ponts, où la plupart se noient. Cette victoire nous valut avec la Russie le *traité de Tilsitt* (8 juillet 1807) qui reconnaissait tous les États créés par Napoléon, entre autres le royaume de Westphalie et le grand duché de Varsovie.

L'armée du camp de Boulogne, dit M. Thiers en parlant des campagnes de Napoléon de 1805 à 1807, venait de terminer, aux bords du Niémen « la course la plus longue, la plus audacieuse... Voilà ce qui est sans exemple dans l'histoire des siècles, voilà ce qui est digne de l'éternelle admiration des hommes, voilà ce qui réunit toutes les qualités, la promptitude et la lenteur, l'audace et la sagesse, l'art des combats et l'art des marches, le génie de la guerre et celui de l'administration, et ces choses si diverses, si rarement unies, toujours à propos, toujours au moment où il les faut, pour assurer le succès ! (1). «

Nous ne suivrons pas les armes de Napoléon en Espagne, invasion malencontreuse où il combattit pour la première fois les Anglais sur le continent , car il ne put y faire lui-même la guerre ; malgré les promesses d'Alexandre à *Erfurth,* la cinquième coalition le rappela en Europe, car il était dit que pour ce représentant incarné de la Révolution française, pour ce plébéien dont la casaque était mal

---

(1) *Histoire du Consulat et de l'Empire,* tome VII, page 677.

dissimulée par le manteau impérial, tout traité avec les monarques légitimes serait une trahison, toute paix une trève.

Cette fois c'était l'Autriche qui se soulevait seule, en faisant publiquement appel aux peuples contre nous ; les Prussiens et les Russes, *alliés honteux,* l'encourageaient et devaient, au premier revers, se joindre à elle.

Napoléon part de Paris le 12 avril ; le 17 il dit dans sa proclamation : « J'arrive avec la rapidité de l'éclair... Vainqueurs dans trois guerres l'Autriche, a tout dû à notre générosité : trois fois elle a été parjure... marchons, et qu'à notre aspect l'ennemi reconnaisse son vainqueur. » Rejoint le 19 avril 1809 à Abensberg par Davoust et Masséna, il a 120,000 hommes concentrés sous sa main : il coupe, par les combats d'Abensberg (20 avril), la ligne d'opération des Autrichiens ; le 21, malgré le courage qu'ils déploient, il les bat à Landshut ; le 22, il défait l'archiduc Charles à Eckmühl, et le 23 s'empare de Ratisbonne. Ces victoires lui donnent 40,000 prisonniers, 100 canons, 40 drapeaux, 3,000 voitures. Le 13 mai, Vienne capitule.

« Jamais, dit *Jomini*, Napoléon n'avait remporté de succès plus brillants, plus décisifs, et je puis dire mieux mérités. Le combat de Thann livré au centre de l'archiduc ; la bataille d'Abensberg, qui isola la gauche ; l'affaire de Landshut, qui acheva de la mettre hors de combat ; la bataille d'Eckmühl livrée de nouveau contre son centre, et enfin le combat de Ratisbonne, qui acheva de rompre son armée, forment une série d'événements dont l'histoire n'offre pas d'exemple. Il était le 12 avril à Paris ; dix jours après il avait gagné deux batailles et décidé la campagne au cœur de l'Allemagne. César ne put jamais dire avec autant de raison son fameux *veni, vidi, vici.* (1). »

Mais huit jours après, à Essling (22 mai), l'armée attaquée sans munitions, perd Lannes, voit ses ponts sur le Danube rompus par une crue d'eau, et est contrainte de se retirer. Napoléon donne du

---

(1) *Vie politique et militaire de Napoléon.* tome III, page 176.

repos à ses troupes, fait de l'île de Lobau une immense citadelle, et, le 5 juillet à minuit, jette des ponts à l'est de l'île, les fait traverser à son armée, et se trouve au matin sur la gauche de l'archiduc Charles dont il a tourné les ouvrages défensifs. Les Autrichiens se retirent sur Wagram, et le 6 attaquent l'armée française. La victoire fut décidée par les bonnes dispositions de l'Emperenr ; le courage de la colonne de Macdonald, qui, « comme un coin de granit lancé par un volcan , » perça le centre ennemi ; « le changement de front, l'aile gauche en arrière, exécuté par les ordres du prince Eugène ; le feu de la batterie des 100 pièces de canon de la garde, dirigé par le général Lauriston ; et le mouvement du corps du maréchal Davoust qui tourna toute l'aile gauche de l'ennemi (1). » Les Autrichiens laissèrent 25,000 hommes sur le champ de bataille. Le 12, Napoléon consentit à l'armistice de Znaïm : c'était une faute, il fallait anéantir l'Autriche. Le traité de Vienne fut signé le 14 octobre suivant, et Napoléon, avant de quitter l'Allemagne, fit sauter les remparts de Vienne.

Le 10 avril 1810, Napoléon épousait Marie-Louise, et, le 20 mars 1811, le *Roi de Rome* venait au monde. Mais aucun de ces événements ne devait consolider sa dynastie : *homme de la Providence*, il était destiné à une lutte perpétuelle jusqu'à ce qu'il succombât.

Malgré la servilité qui régnait autour de l'Empereur , quelques voix avaient encore pouvoir sur lui, mais ce pouvoir n'alla pas jusqu'à empêcher l'expédition de Russie qui « devait mettre l'Europe à ses pieds, ou ruiner de fond en comble l'immense édifice qu'il avait élevé avec tant de peine et de soins ». Après avoir séjourné à Dresde, au milieu d'une cour de Rois, et perdu inutilement dix-sept jours à Wilna, Napoléon, poussé « *par une puissance invisible*, » entra le 22 juin en campagne avec 400;000 hommes, fran-

---

(1) Napoléon, *ses opinions, et ses jugements sur les hommes et sur les choses*, recueillies par ordre alphabétique, par Damas-Hinard, Paris, 2 vol. in-8, 1838, au mot Wagram.

çais et étrangers, divisés en dix corps d'armée. Mais, malgré les victoires de Smolensk (17 août) et de la Moskowa (7 septembre), l'incendie de Moskou commença nos malheurs en nous forçant à une retraite qui fut terrible, car le froid nous tuait. Lorsque le 18 janvier 1813, Murat céda au prince Eugène le commandement de la retraite, nous étions réduit à 17,000 hommes.

De retour en France, Napoléon fit les plus grands préparatifs, car la Prusse venait de se déclarer contre nous : l'Autriche restait encore notre alliée, c'est-à-dire qu'elle mettait des formes à sa trahison. Le 16 avril 1813, Napoléon était de nouveau à Mayence. Le 2 mai, il remporte, avec des conscrits armés de la veille, sur les vieux soldats de la Prusse et de la Russie, l'incroyable bataille de *Lutzen,* nom qui rappelle la gloire des Suédois, commandés jadis par Gustave-Adolphe, et aujourd'hui par Bernadotte, que l'Angleterre venait d'acheter moyennant un million sterling de subsides, et la promesse de la Guadeloupe et de la Norwège. Mais la victoire de Lutzen et celle de Bautzen que nous gagnâmes bientôt après *en deux heures,* furent peu fructueuses, et, Napoléon suivant son habitude, négocia pour la paix. C'était imprudent, mais il voulait prouver jusqu'à l'évidence qu'il n'était pas la *seule* cause de la guerre, comme on l'en accusait.

Le 9 juillet l'Autriche adhère à la coalition, et il faut que Napoléon fasse encore la guerre, privé de son bras droit, du maréchal Soult, qu'il vient d'envoyer à la nouvelle du désastre de Vittoria, comme son *Lieutenant-général commandant ses armées en Espagne et sur les Pyrénées.*

Mis au ban de l'Europe par les alliés qui voulaient *l'user à force de victoires,* et qui lui opposaient *un million d'hommes,* Napoléon les battit devant Dresde (26 août 1813), leur tua, blessa, ou prit 30,000 hommes et 200 canons. Le gain de cette bataille, la seule où l'Empereur ait opéré sur les deux ailes, était glorieux, car nous étions 1 contre 2 ; mais, tombé malade de fatigue, Napoléon abandonna la poursuite à ses lieutenants. Aucun d'eux n'était en état de le remplacer, et la trahison commençait d'ailleurs à leur sembler chose convenable contre un homme qui ne leur laissait pas un in ·

stant de repos. Déjà la bataille de Dresde avait vu, dans les rangs ennemis, *Moreau* emporté par un boulet, et *Bernadotte* gagnant ses chevrons monarchiques. Murat était sur le point de déserter et plusieurs autres de trahir.

Nos revers se succèdent rapidement. Le 24 août, Oudinot essuie un échec au combat de Gros-Beeren ; le 26 août, Macdonald se laisse battre à la Katzbach ; et, le 30 août, Vandamme est fait prisonnier à Kulm. Ney lui-même, ce *lion*, perd 10,000 hommes à Dennewitz. L'étoile du grand homme pâlit : ses troupes ne valent plus celles de la République : d'ailleurs avec les Français, si mobiles de caractère, rien ne peut durer longtemps, pas même l'enthousiasme.

Pour s'assurer de la route de France, Napoléon se concentra à Leipzig, où il livra bataille (18 octobre). La boucherie fut horrible : cette *bataille des nations* coûta 60,000 hommes à l'humanité. Nous conservâmes nos positions, mais la défection des Saxons et Wurtembergeois, et la privation de munitions, nous forcèrent à battre en retraite, en abandonnant dans la ville 30,000 hommes et 150 bouches à feu. Arrivé à Hanau, il fallut remporter la victoire de ce nom (30 octobre) pour nous faire jour et gagner le Rhin, où notre armée, réduite à 60,000 hommes, passa le 2 novembre.

Je m'arrête : j'ai suivi Napoléon dans la plus grande partie de sa carrière militaire, en Italie, en Égypte, en Allemagne, en Russie : les exploits que j'ai cités suffisent pour l'apprécier comme homme de guerre, et il est inutile, pour le but de cette dissertation, que je raconte les malheurs de ma patrie. Et pourtant, au point de vue de l'*art*, l'admirable campagne de France en 1814, et les excellentes dispositions stratégiques de Napoléon à Waterloo, sont assurément dignes d'étude !

Sauf la patience, Napoléon possédait à un haut degré les qualités qu'on exige d'un grand général ; l'énergie, l'activité, l'intelligence, le sang-froid, l'aplomb, une prompte décision, un coup-d'œil habile. Génie universel, il excellait dans la guerre, dont il connaissait toutes les ressources : ses combinaisons profondes étaient secondées par la rapidité de ses coups : la rapidité de ses coups provenait de son habitude à conduire, à électriser les hommes, habileté qui lui procura, pendant presque toute sa carrière, des lieutenants obéissants et des armées dévouées.

Napoléon savait parler à ses soldats ; ses proclamations sont des modèles : elles sont d'un style chaud, énergique, coloré : elles expliquent les principales manœuvres, elles initient à de grandes mesures politiques : en les lisant, tout fantassin pouvait se croire un général, un homme d'état et par dessus tout le camarade de celui qu'il admirait, le camarade de *son* Empereur !

Et puis quel art dans les récompenses ! Je ne parle pas du réta-blissement de la noblesse, car je n'examine Napoléon qu'au point de vue militaire. Mais qu'il connaissait bien le cœur humain (1), celui qui au siége de Toulon instituait une *Batterie des hommes sans peur*, qui donnait à des brigades les surnoms de *l'Impétueuse, la Terrible, l'Invincible, l'Incomparable, Un contre dix !*

Napoléon savait aussi bien gagner des *batailles de marche,* comme dans ses premières campagnes d'Italie, que des *batailles tactiques* comme à Dresde, et des *batailles stratégiques* comme à Marengo, à Austerlitz et à Wagram. A Rivoli et à Ratisbonne il attaqua le centre de l'ennemi, à Marengo et aux Pyramides il adop-ta l'ordre oblique : à Eylau il attaqua la gauche et le centre des Rus-ses : à Dresde il attaqua les deux ailes. On voit qu'il n'avait aucun système arrêté : il se décidait suivant le terrain et les circonstances.

L'Empereur excellait à concentrer ses forces et à tomber ensuite *comme la foudre* sur l'ennemi, mettant à profit le temps et les fau-tes de son adversaire. Le premier il fit la *grande guerre* telle que l'avait rêvée Gustave-Adolphe et Frédéric II, telle qu'un monar-que aussi puissant que lui pouvait seul la faire. Il conçut et exécuta les combinaisons stratégiques les plus étendues, les plus audacieuses, les plus neuves ; grâce à son génie à la fois administratif, militaire et

---

(1) L'Empereur prétendait connaître exactement le *tirant-d'eau* de tous ses fonctionnaires.

Damas-Hinard, *Opinions et jugements de Napoléon*, introduction. p. 3.

politique. Ses admirables campagnes de Marengo et d'Austerlitz, où il *tourna* si habilement ses ennemis, resteront éternellement comme des types modèles de l'art de la guerre. La campagne de 1812 elle-même est, suivant Jomini, « un modèle à citer » (1).

Napoléon était lui-même son vrai chef d'État-Major : il donnait des ordres d'une grande précision et savait entrer dans les plus minutieux détails. Il avait la tête éminemment topographique, et, soit d'après des cartes, soit d'après des mémoires, se représentait exactement les divers accidents des terrains sur lesquels il opérait, qualité précieuse et que bien peu de généraux ont possédée comme lui.

On doit à Napoléon la création du *Train d'artillerie*, du *Train des équipages militaires*, et du corps de l'*Intendance*. Il forma des corps d'élite. Après la garde Impériale, divisée en *vieille garde* et en *jeune garde*, le plus remarquable de ces corps est celui des *grenadiers Oudinot*, extraits de différents régiments et qui lui rendirent tant de services. Mais il désorganisa son corps d'État-Major, mesure qu'il déplora amèrement lorsque, dans la campagne de 1813, rien ne lui réussit là où il ne fut pas en personne : un ou deux lieutenants entendant bien la grande guerre, eussent peut-être rétabli ses affaires compromises (2) par les fautes de ses maréchaux.

Sept corps d'armée composaient la grande armée qui vainquit à Austerlitz. Chaque corps d'armée, fort de 2 à 5 divisions, pouvait former une aile : commandée par un maréchal, il était complet en infanterie et en artillerie, mais n'avait que peu de cavalerie. Le gros de cette dernière arme formait un corps spécial toujours à la disposition de l'Empereur, qui possédait en outre comme réserve sa garde et ses compagnies d'élite.

---

(1) *Précis de l'art de la guerre*, tome I, page 399.

(2) Si Napoléon « avait trouvé un Desaix sur le champ de bataille de Waterloo, il eût conservé l'empire, et la France sa position dominatrice parmi les puissances de l'Europe. »

THIERS, *Histoire du Consulat et de l'Empire*, tome I, page 443.

Napoléon vulgarisa les carrés par l'emploi qu'il en fit en Egypte. L'infanterie fut toujours son arme de prédilection, mais il ne lui épargnait pas les marches forcées, car son système était de faire dix lieues par jour, de combattre et de cantonner ensuite en repos. La cavalerie lui servait de réserve pour frapper des coups décisifs : et si, à la fin de son règne, il multiplia trop l'artillerie, c'est que ses troupes de nouvelle levée ne valaient pas les soldats aguerris que lui avait légué la République.

Ce qui perdit Napoléon comme chef militaire, ce fut son ambition démesurée qu'il ne sut pas dompter : ce fut son imagination qui lui fit souvent voir l'état des choses suivant ses désirs, malgré les rapports qu'il recevait (1) ; ce fut sa préférence pour les sabreurs qui lui fit souvent faire de mauvais choix ; ce fut sa bonté pour les vaincus, exemple la Prusse qu'il n'annihila pas assez à Tilsitt (2) ; ce fut encore son penchant pour la paix qu'il offrait après chaque victoire, au lieu de s'acharner après ses ennemis ; exemple en 1809, après la bataille d'Eckmühl, il ne poursuivit pas l'archiduc Charles : — ce fut en outre sa faiblesse envers ses généraux ; il savait récompenser, mais il ne s'avait pas punir ; exemple Dupont après la capitulation de Baylen, Bernadotte après sa désobéissance d'Awerstaedt (3). Ajoutons que ses armées, par une économie mal entendue, étant en parties entretenues à l'Étranger par des réquisitions, il devait nécessairement arriver que les populations mécontentes se levassent en masse contre lui.

Napoléon est bien supérieur à Frédéric-le-Grand.

---

(1) Chambray, *Philosophie de la guerre*, 1829, page 404.

(2) Je suis ici en contradiction avec plusieurs écrivains militaires qui trouvent que Napoléon traita trop durement la Prusse à Tilsitt. Mais des deux puissance rivales de l'Allemagne, la Prusse et l'Autriche, il fallait, ce me semble, annihiler l'une et s'attacher l'autre.

(3) « Si, après la capitulation de Baylen, le général Dupont eût été fusillé, peut-être n'aurions-nous pas perdu l'Espagne ; et si, malgré sa parenté et ses services, la justice de Napoléon eût frappé le maréchal Bernadotte, après sa coupable désobéissance d'Awerstaed et d'Iéna le

On répète souvent que la France manque d'un *poëme épique :* on oublie ce grand drame de vingt ans dont Napoléon Bonaparte est le principal acteur et dont la scène occupe trois parties du monde : ce drame est un véritable poëme en action auquel, pour tout peindre par un mot, on peut donuer le titre d'*Épopée impériale.*

Napoléon a redit son nom aux échos de l'Europe, de l'Asie et de l'Afrique; sa gloire est immense et rayonnera pure dans l'avenir, car rien n'a manqué à cet homme extraordinaire : après des bonheurs inouïs, l'adversité e st venue l'atteindre :et cloué au rocher de Sainte-Hélène, après avoir commandé à toute l'Europe continentale, il n'a pu laisser à son fils d'autre héritage que son nom !

---

prince royal de Suède n'aurait pas, six ans plus tard, fixé les irrésolutions d'Alexandre, donné la main aux Anglais, et forcé les alliés, qui manquaient d'audace, à pousser l'invasion jusque dans Paris. »
Histoire de Bernadotte, par M. B. Sarrans jeune, 1845, introduction, p. XXIII.

CONCLUSION.

Si le lecteur se rappelle les conclusions de mes dix chapitres, il sait que j'ai préféré César à Hannibal et à Alexandre placés sur le même rang : que j'ai mis Charlemagne, Gengis-Khan et Tamerlan hors de cause : que j'ai classé Gustave-Adolphe après Turenne, et Turenne et Frédéric après Napoléon.

Il me reste à établir quel est le plus grand homme de guerre de César ou de Napoléon, c'est-à-dire que ma dissertation se réduit à un parallèle.

César ne commença réellement sa carrière militaire qu'à la guerre des Gaules : il avait alors 41 ans. Napoléon commença sa carrière militaire comme général en chef en 1796, à 27 ans : il la termina en 1815, à 46 ans. Sous ce rapport, l'avantage reste à César : il est plus difficile de faire la guerre dans l'âge mûr que dans la force de l'âge.

Napoléon était d'une naissance obscure : César appartenait à une famille patricienne : tous deux parvinrent au même degré de gloire. Sous ce point de vue l'avantage est au héros français.

César, habitué aux luttes oratoires du sénat romain, connaissait mieux que Napoléon l'art de ménager les hommes : il entendait mieux la politique intérieure.

César alla combattre dans les Gaules, pour laisser ses adversaires *s'user* à Rome : de même Bonaparte fit l'expédition d'Égypte dans le but de laisser le Directoire *s'user* à Paris.

César fit en Angleterre deux descentes qui réussirent : le projet de descente de Napoléon ne fut pas exécuté, quoique grandiose, bien entendu et présentant de véritables chances de succès : je considère ce projet comme très supérieur aux descentes effectuées de César.

Comme César, Napoléon fonda un empire, mais c'était moins difficile à Paris qu'à Rome : la France était depuis longtemps façonnée au régime monarchique.

En qualité de prince absolu, Napoléon avait comme Alexandre toute liberté d'agir et d'employer à sa volonté les ressources dont il disposait : César n'eut cette liberté qu'à la fin de sa carrière.

César ne commanda jamais qu'à de petites armées ; Napoléon eut sous sa main jusqu'à 200,000 hommes qu'il faisait mouvoir avec une étonnante facilité : sous ce rapport l'avantage reste à Napoléon; car bien commander une aussi grande masse d'hommes est un des plus grands efforts qu'il soit donné au génie de l'homme d'accomplir.

César montra plus de courage personnel que Napoléon ; cela tient à la différence des manières de combattre des époques où vécurent ces grands hommes : dans l'antiquité, le courage actif d'un général était d'une grande influence : de nos jours le courage passif lui suffit, et il doit même se garder de se trop exposer.

Tous deux étaient adorés de leurs troupes. Napoléon s'entendait à merveille à tendre les ressorts du dévouement, mais il les tendit tellement qu'ils furent usés en peu d'années : ce fut la principale cause de sa chute.

César et Napoléon firent des guerres étrangères et des guerres civiles. Le premier obtint contre ses concitoyens ses plus brillants succès : le second n'obtint contre les siens que des succès secondaires. Napoléon fut donc plus heureux que César, car il est triste d'arroser sa gloire avec le sang de ses compatriotes.

Napoléon combattit, comme César, des peuples civilisés et des peuples barbares : mais, rapprochement curieux ! les peuples civilisés vaincus par chacun d'eux, furent les peuples barbares que soumit l'autre.

Napoléon, auquel on a reproché d'être aventureux, était pourtant plus prudent que César : il administrait mieux que lui; et, lorsqu'une entreprise manquait, c'est qu'on avait mal exécuté ses ses ordres, car il prévoyait tout.

César était plus téméraire que Napoléon, témoin sa pointe à Alexandrie après la victoire de Pharsale et sa campagne en Afrique contre Scipion. Mais il avait plus de ressources dans le génie et surtout plus de patience. Placé sur un coin de terre, avec quelques milliers d'hommes, il s'y fortifiait, attendait des renforts, et augmentait successivement le rayon de son influence par de petits combats, gagnait du terrain et finissait par vaincre. Pour quiconque a étudié le caractère de César, cette patience est admirable ! Napoléon était moins capable de plier sa rapidité de conception à une semblable attente, quoiqu'il ait fait preuve d'une grande habileté défensive dans la campagne de France.

Napoléon a fait des marches admirables, savoir celles de Marengo, Austerlitz, Friedland. — César a passé le Rubicon et fait sa fameuse campagne contre Pharnaze. — Pour la rapidité des mouvements, l'imprévu des coups, je les mets au même rang : ils possédaient tous deux l'art de se multiplier.

On dit avec raison que les généraux modernes devaient avoir plus de talents pour le travail de cabinet que les généraux de l'antiquité : mais on ne refusera certes pas à César, qui dictait *six* lettres à la fois, d'avoir ce talent au même degré que Napoléon.

La fortune a toujours, au point de vue militaire, favorablement traité César, tandis qu'elle a délaissé Napoléon à la fin de sa carrière; c'est que César fut plus habile à la captiver. César n'a jamais été battu.

Plusieurs auteurs tiennent Napoléon pour un plus grand homme de guerre que César, parce que l'art de la guerre est plus parfait aujourd'hui que du temps des Romains. C'est une manière fausse de raisonner. Pour comparer le mérite de deux hommes qui ont vécu à des époques différentes, il ne faut pas comparer les obstacles surmontés par l'un aux obstacles vaincus par l'autre, mais comparer, pour chacun d'eux, les adversaires qu'il a battus aux moyens dont il disposait. Or, si Napoléon eut à combattre les élèves du Grand Frédéric, son prédécesseur en habileté guerrière, César eut à se mesurer contre Pompée et des légions romaines qui valaient bien les siennes. Sous ce point de vue, l'avantage est du côté de César.

César et Napoléon sont des écrivains militaires de premier ordre ; leurs caractères se reflètent dans leurs styles : le style de César est quelquefois sec, celui de Napoléon toujours jeune et nourri. Quant à la véracité, elle est plus grande chez Napoléon que chez César.

De tout ce qui précède, je conclus contre Napoléon. On va crier à l'hérésie, car je suis en désaccord avec les auteurs modernes les plus célèbres : Mais je ne me laisse pas aveugler par l'amour-propre national, et, même en présence de cette opinion du général *Bardin* (1) que je transcris toute entière :

— « On est convenu d'admirer d'une manière absolue les anciens, quoique cette admiration ne doive être que relative ; des écrivains superficiels trouvent beau tout ce qui est vieux ; car il leur serait trop pénible de louer leurs contemporains, sans pouvoir faire tourner à leur propre profit une partie de la louange ; ils s'enthousiasment pour des mérites douteux ; ils consacrent ou continuent des réputations usurpées, parce qu'en préconisant les morts, ils font une critique plus ou moins directe de leurs émules vivants : » —

— Je maintiens mon opinion.

Le plus grand homme de guerre des temps anciens et modernes c'est César !

---

(1) *Dictionnaire de l'armée de terre*, page 533.

FIN.

TABLE DES MATIÈRES.

FIN DE LA TABLE DES MATIÈRES

PARIS. — Imprimerie d'A. SIROU, rue Saint-Jacques, 11o.